CUNEI
F●RM
铸 刻 文 化

大地上的尺规
——历史、科学与艺术的现代哲学剖析

Measures on the Earth
Philosophical Anatomies of History, Science, and Art

巫怀宇 著

上海文艺出版社

前 言

> "我为简短的回答向庞大的问题致歉。"
>
> ——维斯瓦娃·辛波斯卡

本书作者认为哲学之使命在于揭示我们赖以理解世界的那些普遍构造,作为世界构造中最为坚实的部分,它们的力量常是日用而不知的。诸力量经由理性知其界限,并将自身区分于原理上相异的其他力量;诸理性经由哲学知其界限,并将自身区分于原则上相异的其他理性。哲学区分出生活的诸可能性的逻辑空间,它爱智慧的方式是战斗的,以此守卫她的界限。在荷马那里,凡人的战争是天界的争执在大地上投下的影子;在中世纪神学中,地上的战斗的教会(Ecclesia militans)服务于天上的得胜的教会(Ecclesia triumphans)。

现代哲学取消了彼岸并将其推延至无穷远的未来，理性也不再许诺关于理性之胜利的乐观信念，于是它战斗在无尽的历史中，把西西弗斯视作英雄。

然而这一劳作并非徒然无功。本书前三篇文章的任务是：阐明某些概念的固有意义，展示某些原则性的区分。由于现代意义上的历史是无尽的，此书所作的阐明和展示也只能是有选择的，其中绝大部分是对前人思想的凝炼。而第四篇文章的任务，则是展示诸原则共同建筑成的整体构造。

第一篇文章《时间的一千道河床》讨论的是解释学问题：通过揭示诸生活形式的构造和诸前见的层次，阐明诸语境下的诸意义的理解何以可能，以及如何将历史世界中的诸部分相互关联成一个整体。

第二篇文章《机器能思想吗？》涉及相关的心灵哲学问题，更关涉生活世界与物理世界之间的断裂：不仅是现代技术的直觉现象与物理原理之间的断裂，更是解释学理性和技术理性之间的断裂。

第三篇文章《大地上的尺规》分析诸"美"与诸"艺术"的诸意义，主张以更具体的价值词汇谈论这些现象，在人类共同的生活形式的语境中理解它们，并让现代人的生命凭借在世之在的某些生活形式焕发光明。

最后一篇文章《上升的一切终将汇合》由三部分构成，分别与前三篇文章关联，旨在展示三种现代理性形态，概述九位哲学家（狄尔泰、胡塞尔、维特根斯坦，弗雷格、石里克、库恩，马克思、尼采、海德格尔）在"现代的理性形构"[1]中分别占据的位置，彼此间的相互关联与限制，以及何以共同构成了"单数意义上的现代"。这并非一篇思想史文章，思想史只是历史学的一个方面。

维特根斯坦说哲学要给瓶子里的飞蝇指一条出去的路，那么哲学家的英雄便是阿里阿德涅：给迷宫里的人一个线团，穿过直觉、心理和话语的曲折，紧握逻辑上的直线。康德曾有言："从人性这根曲木中，造不出任何笔直的东西。"然而对弯曲的意识，本身以对笔直之尺度的意识为前提，这一意识亦是人性的一面。现代哲学承认理性的有限性，但即便只为确证这不可逾越的界限，也须将诸理性展开至其最辽阔的可能。

本书的每篇文章都展示了一些确定的原则，以及这些原则之间的相互关联；同时，每篇文章中都有相当篇幅是关于人类不可能清楚明白地知道什么，或哪些词汇不可能被有意义地使用。因此本书既展示了一些坚固的语义和确定的原则，也为确定知识的领域划出了界限；对界限的勾画即是对其外的留白的勾画，因此也肯定了人类的可能性与自由。

作者对自己的文章的首要要求是语言的准确和清晰。如

---

1 Heribert Boeder, *Das Vernunft-Gefüge der Moderne*, Freiburg/München 1988.

果哲学展示的皆是人们日用而不知的原则，从理论上说，它就应当能被一切人理解；倘若本书未能做到这一点，则是作者的能力有限。本书前三篇文章之间的关系是并列的，无先后之分；关心历史、科学或艺术的读者可以依据兴趣安排阅读顺序。

这四篇文章的每一篇的结尾都展示了哲学的界限，揭示了尚待完成的具体诸事，或仍须思虑的具体问题。贯穿本书的一条原则是：现代哲学不同于形而上学，它不是一个区别于诸具体学科的"领域"，且没有任何一种哲学能够要求"第一科学"的地位，它全部的有意义讨论皆是对诸具体学科的方法和语言的反思，哲学既消融于其中，也展示于其中。

巫怀宇

2019 年 6 月

目 录

时间的一千道河床
——论历史理解与历史编纂　　001

一、殊别的对象与公共的意义　　004

二、历史理解中的自然理解　　008

三、意识形态的分析与共情　　014

四、心智史的诸方面　　020

五、文本解释与作者意图　　030

六、作为历史之一部分的科学史　　036

七、历史中的连续与断裂　　041

八、历史网络中的诸因诸果　　048

九、历史中的偶然与规律　　055

十、历史重要性与历史编纂中的道德预设　　063

总结　　070

机器能思想吗？
——技术时代的逻辑与直觉　　073

一、机器人现象　　075

二、人工与自然　　078

三、物理语言与"生命"　　082

四、逻辑与物理　　085

五、物理还原主义与条件反射　　093

六、物理决定论与心物平行论　　095

七、量子泛心论假说　　100

八、理性与直觉　　106

结论　　110

大地上的尺规
——关于诸"美"与诸"艺术"的哲学研究　113

- 一、价值直觉的语言　121
- 二、价值直觉的诸尺度　126
- 三、形而上学与"无关利害"之美　131
- 四、现代意识形态中的"美"　135
- 五、"美"的虚无主义历史危机　139
- 六、"对幸福的许诺"　145
- 七、德性价值的必然性　150
- 八、现代艺术的诸意义　155
- 九、世界的无言诗　159
- 十、此刻的光辉　165
- **总结**　173

上升的一切终将汇合
　　——现代哲学中的历史、世界和语言　　175

　　一、生活世界中的意义与理解　　180

　　二、现代科学的独立性和整体性　　191

　　三、现代人性的历史危机及其创造性的可能性　199

　　四、哲学的终结与无尽的将来　　210

时间的一千道河床

论历史理解与历史编纂

历史中从来就没有"历史"这样东西，有的仅是具体的诸事与诸理。这一点最明显地体现于历史学的语言：历史学没有自己的术语体系，其语言皆取自政治、宗教等诸多领域。反之，无论是对于法学、经济学等社会科学，还是对于艺术学、文学等人文学科而言，诸学科中的"历史主义"都被视为动摇了学科的基础、边界与自治权。自从曾经作为"第一科学"统摄万理的形而上学沦为无底深渊，诸学科就被抛入了"历史"之河流。诸学科中的诸规则须与其他学科的规则相结合方能作用于世界，甚至这些规则本身也依赖历史中形成的话语意义和欲望，它们只在某些时代被习以为常，因视域的局限而被认为是"自然"的。

"历史"是有限之人对无所不包的巨大整体的命名，其中包含相互关联的万事万理，历史学的命运即是求面面俱到而不可得。本文展示的并非历史的具体方面，而是历史知识的构造和限度；主要讨论两个彼此牵连的问题：诸语境下的诸意义的理解何以可能，以及历史世界的诸部分何以相互关联成为整体。

一、殊别的对象与公共的意义

人是有语言的动物,所以"一切历史都是思想史";身体是表达意义的场所,因此一切历史也是行为史。言语无法区分于行为,人类总是通过说话做事,[1] 或通过行为向他人发出信号。意义不是行为的外加部分,而是"行为"与"物理运动"的原则性区别。[2] 狄尔泰、李凯尔特和文德尔班认为"历史科学"与"自然科学"的区别在于前者理解意义世界,后者描述物理运动,并如此区分二者的对象:前者理解殊别事物,后者描述一般规则。然而就方法而言,自然科学同样以观察殊别事物为起点,历史中的诸意义也必依存于诸公共语境的规则。

历史中的诸事物皆不断变化,即便所谓"事情本身"未变,相关条件的变化也已改变了它。人们却在两次踏入的河流中找寻同一性,这并非刻舟求剑或武断地编造连续性,而是循着生活世界本身固有的某些构造展示历史,它们如同历史的河床,既保障了历史的可理解性,也限制着历史的可能性。

历史学研究的不是时间中的个体的每一闪念的意识

---

1 J. L. Austin, *How to Do Things with Words*, Oxford: Clarendon Press, 1962. 该理论在历史学中最著名的运用是昆廷·斯金纳将其用来分析意识形态话语。
2 因肌肉疲劳而眨眼的过程没有意义,所以不能算作一个行为,而挤眉弄眼的意义取决于它的情境。

流，不是拿破仑对枫丹白露宫墙上的斑点的遐思，而是他对世界的影响。私人的意识活动不断流逝，诸公共语境下的诸意义影响历史。滥封亲属王爵的拿破仑和革命军统帅拿破仑是同一个拿破仑吗？罗素将专名分析为摹状词（description）："拿破仑"的意义是由那个有强烈家族观念者、那个军事天才、那个民法典编订者组成的。如果剥离了这些描述，专名"拿破仑"的意义就只剩下空洞的"那个"。人的诸行为皆归于他的诸属性，不存在作为统一主体的拿破仑的活动，只有诸观念于诸情境中的活动。我们与其说拿破仑滥封亲族王侯，不如说家族观念[1]使得拿破仑滥封亲族王侯；与其说是拿破仑制定法典，不如说启蒙的观念让拿破仑制定法典。

荷马的英雄们时常并不"自己"决定行动，其行动常被天上的力量"引向"某处，这种神话世界观照亮了主体性哲学的盲区。然而地上的战争不同于观念世界的战争，它属于有死者及其身体。主体是诸语言的器皿，而语境可以断裂，语义也可矛盾；身体是世间的提线木偶，它受限于物理的力量，又凭此展开斗争。人在时间中历经变化，却仍被承认为"个体"，乃因其形式人格（person）在时间中的同一。无论

---

[1] 然而若要追问拿破仑的家族观念从何而来，人们常将其归结为"科西嘉性"。该结论和"法国性"、"德国性"一样，既意味着统计学结论，也预设了"长时段"（longue durée）的心智史视角。

性格多么多变，诸价值观多么前后矛盾，只要人格同一且被归于某一身体，[1]它就构成了生活世界的基础构造。其历史效果在于：你若反对滥封亲属的拿破仑，就同时反对了那个军事天才和民法典制定者；当革命政府杀掉旧制度下的包税官拉瓦锡，也就杀掉了化学家拉瓦锡。可见人格的时间同一性与身心关联等普遍构造尽管不主动改变历史，却限制着历史的可能性。正因为诸多意义被寄于同一身体，错位的诸语境、彼此独立的诸观念、互不相干的诸原则才交织于同一个世界，才有了历史。

布克哈特对文艺复兴的最重要、最受争议的判断即"个人的发展"：中世纪的人只能透过一般性范畴的面纱，将自己设想成种族、党派、家族或社团的一员，而文艺复兴时代出现了精神上的**个体**。[2]然而人类须借助语言来认识自我的诸属性，由于私人语言不存在，自我意识只能被表达为公共的语义。"我就是我"这个句子是空洞的，只能被理解为一个表示否定的言语行为（speech-act）：我拒绝被别人贴上某

---

[1] "人格"与"身体"的关系参见：P. F. Strawson, *Individuals: An Essay in Descriptive Metaphysics*, London: Routledge, 1959. 笛卡尔式的无身体的"我"仅是第一人称视角，尚不构成人格。在斯特劳森所说的"我们关于世界的真实的思想构造（描述性形而上学）"中，人格总意味着对诸人格的识别（identification），且识别总是时空中的识别，笛卡尔式的"我"却不在时空中，因此人格必然与身体相连。
[2] 雅各布·布克哈特：《意大利文艺复兴时代的文化》，何新译，北京：商务印书馆，1983年，第125页。

些标签。然而人只能通过贴标签描述事物。说拿破仑是位"有拿破仑特色"的皇帝就什么都没说，这位皇帝的特征只有通过与波旁、哈布斯堡、沙俄君主的对比得出；对事物的认识即对它何以区别于其他事物的认识，我们若说不出某事物不是什么，就不知道它是什么。同时，若将拿破仑与遥远的清朝皇帝对比，则只能体现文明的差异，而无法定位拿破仑作为个人的独特历史意义，因为清晰地阐述差异需要默会地预设诸多共通的语境。布克哈特指出，对文艺复兴时代的人而言，某些标签不再主宰他们的思维。然而这不是因为他们变成了绝缘于标签的"个体"，而是社会复杂了，可供自我界定的标签也繁杂了；诸标签的相互竞争削弱了单一标签的支配力。用布克哈特自己的话说：文艺复兴式全才是多面的人。

如果某人心中的某一属性举世无双，此种神秘属性必不可言说；语言所能有意义地谈论的"个体独特性"，是每个人的诸属性的结合形式独一无二。然而后者仍营造了溢出语言之外的体验，即"气场"（aura）；通过描绘可言说的人物诸属性，展示不可言说的气场，是传记与肖像艺术的本质。一旦触及这一层面，历史学家就变成了诗人。而在更广阔视野下，丰富的个体常塌缩为他发挥重大影响的一面；其他的属性并非不存在，它们只是被盖过了。历史塌缩为历史学。

历史理解不能容忍特殊主义，因为它意味着不可理解的神秘，和不求甚解的迷信。那些相信西北欧例外论、美国例外论或东亚特殊论的人，他们说明这些国家的优越性的理由仍须被理解为具体的条件在一般规则下的优越性；然而既然它已经能被一般地理解，特殊主义也就被消解了。若要讨论蒸汽动力革命为何在英国（而非荷兰或法国）率先发生，就得找寻当时西欧诸国有利或不利于产生蒸汽动力革命的诸因素，并权衡其影响。解释之一是英国的煤价较低而工资较高，廉价能源和高工资会促进技术革新，以机器取代人力；而在同时代的欧陆，劳动力廉价且能源昂贵，技术革新有违经济规律。[1]

凭借这些可被自然理解的一般原理，我们理解了历史的某些层面。

二、历史理解中的自然理解

人带着古老的偏见面向世界，带着年轻的偏见想象历

---

[1] Robert C. Allen, *The British Industrial Revolution in Global Perspective*, Cambridge: Cambridge University Press, 2009. 可见历史理解常依赖对"规律"的理解。对"历史中的规律"的讨论见本文第九部分。

史；历史的广阔与复杂极大地超越了个人的体验和视域，人却常将习以为常误当作不言自明。对历史一无所知的孩童首次听说古代战争时，会疑惑阿提拉为何不用坦克；待他有了些许历史常识，仍会陷入匈人"国家"的"国界"划止于何处的迷思。由于这个谬误十分常见，历史学家不得不一再重申：具备清晰国界的韦伯式"国家"多是19世纪才形成。历史研究常修正人们想当然的误解，在此意义上，一切史学都是"修正主义"的，且这一传统可追溯至希罗多德。[1] 修正之所以重要，也是因为"对大多数人而言，探究真相过于费力了，他们轻信自己偶然听到的第一个故事"。[2] 然而，在历史学永恒不断的自我修正过程中，历史学家揭破偏见，却不会消除我们赖以理解历史的前见，后者具备更高的知识确定性或语义确定性，成为历史理解的基础。

自然科学即是这样一种前见。我们须先承认营养与身体的关联，才能凭古人窄小的盔甲估算其营养摄入。只有先承认放射性元素的半衰期，才能凭它估算古物的年代。

人类共同的生活形式亦是这样一种前见。历史学家将"部

---

[1] "一直以来我写的历史都在找寻对主流论点的补充。" Herodotus, *History*, Book IV, trans. A. D. Godley, London: William Heinemann, 1928. §30. 这句话可以在20世纪找到回音："历史学家是他的公民同胞们希望忘却之事的专职记忆者。" Eric Hobsbawm, *The Age of Extremes*, London: Abacus, 1995. p.103.

[2] Thucydides, *The Peloponnesian War*, Book I 1.20, Trans. Martin Hammond, Oxford University Press, 2009.

落"（tribe）区分于"国家"（state），然而若要理解"部落"一词，总得先将其分解成诸特征，这些特征最终仍须被今人理解。因此有观点认为历史理解的对象不是过去，而是过去遗留至今的部分。这会导致两种危险：将今人的偏见强加于古人的世界，或与古人共偏见而不自知。坚实的历史理解须基于用来描述人类共同的生活形式的语言。有无"清晰空间界限"是部落与国家的区别之一，该区别可被改写为一种更普遍的语言，即踏入某地域时预期引发反应的确定性。

人会根据对他人行为的预期（expectation）调节自己的行为，即便在没有正式法律的社会中也是如此。真实的法不是纸上的条文，而是对判决与执行的行为预期。只要特定地**界之内有且仅有**一套将行为与赏罚相关联的语言成为**公共知识**（每个人都知道它，且每个人都知道每个人都知道它，且每个人都知道每个人都知道每个人都知道它），它即便不被称为"法律"，也会结成可执行（enforceable）的规则，塑造每个人对他人行为的预期，并调节人的行为。相反，法律若不能成为公共知识，所谓"主权者"的承认也只是一纸空文：不仅不能调节法盲们的行为，甚至知法者们也会因无法预期法盲的行为而改变自己的行为。

诸如"行为预期"、"公共知识"等语汇不属于某种政治思想，而是一切政治赖以被理解的共同语法；正如莱昂内尔·罗宾斯论述的"稀缺"（scarcity）概念不属于某一经济学说，而是一切经济赖以被理解的逻辑词汇。它们构成了历史理解的坚实基础。集体并非实在，集体行为的逻辑可还原为个体对他人行为的预期。有组织的少数人压迫无组织的多数人，是因为后者无法预期他人会支援自己；团结就是力量的本质是对彼此行为预期的公共知识就是力量。"组织"和"团结"等词汇只描绘现象，却未阐明基础原理。维特根斯坦所说的"语言游戏"是如孩童学说话般单纯的语言，正是这种语言构成了社会科学术语中的枢轴。例如法律效力"源泉"，或"主权者"就是伪术语的上层建筑，"预期"才是基础术语；"群体行为"只描述现象，"公共知识"则是基础术语。倘若有某种剔净了意识形态的"纯粹政治学"，它也就塌缩至这些基础语法中了。[1] 意识形态话术的真相多暴

---

[1] "语法"和"枢轴"皆是维特根斯坦式的概念，较传统的表达则是政治的"逻辑"。我想略谈罗伯特·布兰顿的逻辑观："'形式上有效的推论'这一概念可以被实质上正确的概念自然地定义。这一观念即在语汇中选取一些特定的子集，并遵循推论的特征在替换其他语汇时保持不变。由此，那些具有优先性的语汇就被固定住了，并定义了形式的概念。" Robert Brandom, *Articulating Reasons: An Introduction to Inferentialism*. Cambridge, MA: Harvard University Press, 2001. p. 85. 该观点认为推论的形式有效性（逻辑）不能独立于其具体内容。例如"行为预期"是政治的逻辑语汇，在诸多政治推论中保持不变。然而假如全宇宙唯一的生命是鲁滨逊，该逻辑就不存在。形式主义者认为这种"政治的逻辑"无法与三段论相提并论，后者才是真正的逻辑，且三段论的形式无关内容（即便宇宙毁灭，三段论仍然成立）。然而三段论推理依赖"类"的观念，假如全宇宙只有一个粒子，"类"的观念也不存在。我们称之为"形式"的逻辑语汇，例如政治的基本概念"行为预期"、三段论中的"类"，都是在讲道理时使之清晰（explicit）的工具，且这些词汇最初取自日常语言。

露于其盲点与例外,话术使用者倘若足够诚实,亦会将这一点暴露出来;例如卡尔·施米特指出"主权者"的判定标准,其实是谁有权决定例外状态。我们却得到了某种纯粹而冗长的语言,它将所有缩略语平铺展开,将其中蕴含的神秘全部消除,适用于描述一切政治,而不会遭遇任何例外。

然而历史并非意识形态真空,且"政治"之概念仅在原理上有其一般范畴,在现象和效果上却无原则性的边界;经由生活世界的诸多牵联,没有任何事物完全无关政治。"主权者"和"国家"在理论上皆是虚构与冗余,其力量仅源自人对概念的迷信,尽管迷信的力量也是历史的一部分。[1]

非历史的政治语法与政治史之间的区别,在于政治史包含了原理上非政治的力量。类似的区别存在于所有学科。柯林伍德指出军事史家必须"重想"(re-think)腓特烈或拿破仑的决策思路,正如音乐史家必须亲自聆听巴赫和莫扎特以"重演"(re-enact)音乐史,[2] 以论证历史理解即是"对思想的重演"。然而"重演"这个动词的意义取决于被重演的内容,在心中"重新推演"一场战役完全不同于"重新演奏"

---

[1] 关于此的较早论述见《利维坦》第16节。关于"主权"概念的讨论,参见 J. Maritain, 'The Concept of Sovereignty', in *The American Political Science Review*, Vol.44, No. 2. 1950。关于相关意识形态话语的修辞和隐喻研究,参见 Ernst Kantorowicz, *The King's Two Bodies*, Princeton University Press, 1957。

[2] R. G. Collingwood, *The Idea of History*, Oxford: Oxford University Press, 1994. p.441.

一部乐曲，对敌我行为的预期和对下一瞬间将临音符的前摄（protention）是截然不同的两类意识活动。军事谋划和音乐意识流毫无共性。然而柯林伍德将军事史和音乐史的方法都归于"重演"，其对象是"过去"之整体，包括军事**史**和音乐**史**中那些与历史的其他方面相关联的部分。

重演敦刻尔克撤退的思路并不困难，因为该决策出自"打不过就跑"这条可被自然理解的规则；然而战争史必须考虑统帅的性格等"非军事"的精神因素，否则就无法理解非理性行为，例如希特勒决不容许部下从斯大林格勒西撤。克劳塞维茨不认为战争能被化简为数学推演，指出其中既有科学也有艺术，同时受理性与激情的支配。

音乐的无语义性使它得以超越殊别事件。从文化史的观点看，拿破仑时代的"英雄交响曲"不同于 1944 年冬帝国广播电台（RRG）播放的乌拉尼亚版，贝多芬为席勒的诗谱曲的《欢乐颂》不同于柏林墙倒下后伯恩斯坦的"自由颂"版。然而音符排列中的情绪倾向却超越古今。我们不是凭借关于作曲家生平的历史知识判断某段旋律是激越还是淡泊，而是自然共情了曲调中的激越与淡泊，并凭此听懂了作曲家如何面对他的世界。音乐即是"世界背景"，所谓背景音乐关乎的并非具体的人或事，而是人与事所照亮的"世界"。对与音乐相关的历史其他方面的意义的理解，皆基于对音乐情绪的自然理解。音乐情绪源自对历史世界中殊别事物的超越性关照，无法作为历史研究的直接对象，音乐史只能以符号（语言）、乐器（技术）以及相关文化史的其他方面为间接对象。[1]

三、意识形态的分析与共情

"政治"之范畴中尚有"行为预期"和"公共知识"等逻辑语汇，意识形态话语却无任何坚固的原则，其话语"规则"无非是表面的相似性或相关性。相似性总是片面的，一种隐喻总会遮蔽事情的其他方面；至于与何者、在哪方面的相似构成隐喻则是任意的，有无尽的可能性供拣选。诸意识形态间的纷争由此而生：例如"国家首脑"（head of the state）这一身体隐喻[2]和"人民公仆"之隐喻指称相同，意义相反；再例如社会达尔文主义者将人类社会类比为生物界，

---

1 卡尔·达尔豪斯：《绝对音乐观念》，刘丹霓译，上海：华东师范大学出版社，2018年。另参见本书第三章第九节。
2 关于隐喻的研究，参见 G. Lakoff & M. Johnson, *Metaphors We Live By*, Chicago: University of Chicago Press, 2003。关于身体及其周遭空间构造的隐喻，参见 Mark Johnson, *The Body in the Mind: The Bodily Basis of Reason and Imagination*, Chicago: University of Chicago Press, 1987。

相信"强者"的胜利是自然规律；另有人将社会类比为物理系统，认为平等化与同质化是历史大势且将其比喻为"熵增"。相互矛盾的意识形态可能导致相同的政治行动，有的人因信奉"强者"成为纳粹，另一些则是出于对"热寂"般的同质社会的恐惧。

只有当片面类比被训练成条件反射，意识形态才算形成，思维才会跳过所有的类比步骤，将毫无关联或片面相似的起点和终点直接相联。隐喻重复一万遍就会被误认作实在，即便被拆穿，既成的条件反射仍会假"审美"之名残留：世界上不存在名为"美"的单一价值判断原则，"美"是由诸价值判断混合而成的整体直觉，因此对意识形态并无批判力。

我们是如何理解（或自以为理解）意识形态**话语**的？该问题不同于我们如何正确地理解谬误，因为单纯的谬误在另一可能世界中可能正确，而意识形态**话语**在非信徒看来是无意义的而非错误的。赫尔德认为是共通感（Einfühlung）在各异的心灵之间架设了理解之桥，狄尔泰认为理解基于体验（Erlebnis）。然而如果理解的基础是体验，唯有"共情的理解"才算理解，其推论就是只有信徒才能"真正"理解意识形态。将理解奠基在"共通感"或"体验"上的后果，不是无法避免心理层面的不确定性（完全避开它是不可能的），而是将体验的亲身性视作一切意义的基础，将心理情绪中不确定和难以言传的属性，传染给了历史理解的每一部分。我将说明：

一、对意识形态话语的分析本质上是对逻辑断裂,以及"大词"是如何"粘合"这些逻辑断裂的分析。二、对伴随意识形态话语的情绪的共情体验本质上是推己及人的类比。

让我们以民族主义为例。即便某个人认同一套意识形态,亦很难说他是否对这套话语信以为真;因为在很多**时刻**,民族主义者也知道民族是被虚构、被发明的。意识形态信徒不是半梦半醒,而是时梦时醒、时真诚时虚伪地使用这套话语,因为意义之间的区别不是程度上的、连续的,而是逻辑上的、断裂的。意识总是一整个意识,不存在"半个意识"。逻辑是思维的非时间规律,时间中的人却常前后矛盾;历史学研究时间中的事物,不可将矛盾、断裂简化成程度区别。前后矛盾的思想不是相互抵消或折中温和的思想,而是焦虑、脆弱且无常的思想,影响的不是个人行为的"程度"而是其方式,甚至社会组织的模式;思想的矛盾必先于社会的分裂,思想的武断必先于政治的高压。相反,对非意识形态的语言的追求亦是对泰然的生活形式的追求,对逻辑一贯的热爱亦是对舒展的心灵状态的热爱。

然而意识形态话语仍须关乎人们信以为真之事。例如以"国"为单位的丛林世界观利于形成民族主义。一个人相信古人曾有灿烂的文化,和一个相信列强虎视眈眈的人同时相信他的"祖国"自古以来有灿烂的文化,语境不同因而意义也不同。诸国之间只论力量毫无道义的状态仅是对可能事实的描述，无法推出**应当**接受这样一个世界；即便主张应当接受这样一个世界，也不必然选择民族主义话语。将国际关系想象成弱肉强食的丛林尚不是民族主义，只是诱发它的条件；正如无产者的存在不是共产主义意识形态，只是诱发它的条件。民族主义还须将某些要素（例如古诗）视作民族优越性或特殊性的证明。这一"证明"面临着重重的意义断裂：今人与古人不同，古人与祖先不同，某国公民之身份与某语言的操持者不同，某语言的操持者与该语言的诗人不同，诗作与寻常生活不同。然而在民族主义者看来，以上差异皆不重要，因为它们都是"民族的"。对民族主义话语的分析首先须意识到"民族"作为一个大词粘合了以上诸项之间的断裂。

可是，假如非信徒只意识到是"民族"这个大词粘合了诸多断裂，却无法共情体验这种"集体认同"心理，也就相当于只有一个空洞的"X"粘合了这些断裂，他也完全无法理解这一"粘合"。因此有人认为：历史学家须以信徒视角"体验"意识形态大词（心中无纳粹者无法"真正地"理解纳粹，纳粹的"真正意义"须由其信徒来解释），并引发了共情体验是否可能的争论。这一争论是由于"民族主义"在两个层面上的歧义产生的：认为该意识形态无法被共情体验的人，其实将民族主义理解为一个人关于民族的想象、隐喻和每一闪念的印象与情绪；认为该意识形态能够被共情体验的人，则将民族主义仅等同于关于民族的"集体认同"。后者其实是将一些较确定的意义从无法共情体验的整体中分离了出来。

即便同一意识形态的信众，亦无法共情体验彼此的全部情绪。信徒身份只关乎集体认同，信徒之间仍需以自己的体验类比对方的体验。设想两个民族主义者：一个将民族比喻为"根"，另一个将其比喻为"港湾"；一个比喻为"父国"（Vaterland），另一个比喻为"母国"（motherland）；诸如此类的区别繁杂万千，不可穷举。此二人难以体验对方的全部情绪，正如性格相左的两人无法以相同的方式体验同一行诗。相契相投者少，党同伐异者众；人类可以用公共的语言有意义地谈论"孤独"，却无法具体地谈论每一份孤独的内容。正因为个人性情较难被相互理解，它们难以获得公共语义、形成规模化的政治力量。

既然民族主义者们的共性仅在于集体认同，而"认同"的词义是公共的，它指的不是某一缕心绪，而是某类（category）心理，那么外人无须认同该民族，亦能理解民族认同。尽管我们无法共情地体验他人的整个心灵，却能将自身体验过的较普遍的那层意义分析出来，并类比为他人的。因此若有民族主义者甲、乙二人，另有非民族主义者丙，丙对甲的理解不必亚于乙对甲的理解。

一个从小到大视民族为虚幻的人，虽无法体验民族主义话语中的隐喻，却能够理解集体认同：通过将其类比为自己体验过的其他集体认同，例如对"母校"的归属感，或球赛中的敌我对抗感。若如奥威尔所言，体育赛事模拟了战争的心理体验，那么英国人在滑铁卢的胜利，也确实有伊顿操场的功劳。一个从小到大视王侯为粪土的人若要体验忠君思想，须将其类比为自己体验过的其他权威认同，例如对父亲的孝。"自古忠臣多孝子"正是出于这一原理。英国革命前后，菲尔默建立在君父类比上的绝对君权意识形态，[1]是以同时代英格兰的父权制家庭为基础的，[2]否则这一类比就没有意义。

若要理解民族集体认同，无须信奉民族主义，却必须曾经信奉某种集体认同。假设存在从小到大绝无丝毫集体认同的人（这在逻辑上是可能的，尽管心理上不太可能），他只会觉得凡集体认同皆不可思议。情绪伴随意义而生，关于"祖国"和"母校"的集体认同情绪相似，是因为二者的意义同构。这两种情绪能被同样的音乐体现，斯美塔那的交响曲《我的祖国》完全可被用于某大学的百年校庆典礼。音乐没有语义，因此本身无涉意识形态，只能体现"oceanic feeling"等源自人类共同的生活形式的情绪。用音乐为"祖国"或"母

---

[1] *Patriarcha and Other Political Works of Sir Robert Filmer*, Peter Laslett (ed.) Oxford: Blackwell, 1949.
[2] Lawrence Stone, *The Family, Sex and Marriage in England: 1500-1800*, Harmondsworth: Penguin, 1977.

校"伴奏是给意识形态大词附上一层光晕,让体验者将音乐之浩瀚在效果上嫁接至国家或学校,将"过去的人、现在的人、将来的人"想象为一个伯克式"共同体";埃德蒙·伯克提出的不是一时一地的保守主义,而是保守主义的一般形式。我们不是理解了法国大革命在英国的影响才理解了伯克,而是在我们理解任何历史中具体的保守主义之前,都必定预先理解了将"过去的人、现在的人、将来的人"想象为一"共同体"的意识形态构造,对此构造的理解独立于对18～19世纪西欧史的理解。至于随附于它的情绪体验更像大海中的一滴水,还是大树上的一片叶,是私人之事。由于方法上的困难,私人情感常被**历史学**忽视,却是**历史**的重要一环,关乎每一份认同体验的源始发生。

四、心智史的诸方面

被当今历史学界称为"心智史"(history of mentalities)的不是历史的一个方面,而是许多不同方面的总称。本节将通过一系列例子选择性地展示心智史的些许方面,阐明其间的层次与构造,以及它们与历史的其他方面之间的关联。

上一节中,我们区分了意识形态赖以作用的世界观(例如弱肉强食的国际政治观)和意识形态话语(粘合语义断裂的大词,例如"民族"),前者属于心智史的研究对象。关于世界观何以区别于意识形态,一种误解认为意识形态是相争的,世界观却有时代共识。[1]费弗尔说:既然连彼时"最聪明且大胆的"拉伯雷都不是无神论者,16世纪就不存在现代意义上的无神论。[2]他错在不该以一人之心为全体西欧人设限,毕竟"聪明"和"大胆"都有太多的方面,"无"只是个单纯的、可在一切时代被普遍理解的否定词,因此拉伯雷不是无神论者不代表别人不能是。对某一时代的"集体心智"的迷信是"时代精神"之迷思的延续,一个社会的世界观完全可能是分裂的:1735年英国首部现代巫术法不再将巫术视作邪魔,而视作骗术,反映了立法者阶层的心智;然而该法律的存立恰恰说明当时仍有很多人对巫术信以为

---

[1] Carlo Ginzburg, *The Cheese and the Worms: The Cosmos of a Sixteenth-Century Miller*, trans. John & Anne Tedeschi. Baltimore: John Hopkins University Press, 1992. p.xxiii.

[2] Lucien Febvre, *The Problem of Unbelief in the Sixteenth Century*, trans. Beatrice Gottlieb. Cambridge, MA: Harvard University Press, 1985. 费弗尔将无神论问题归为心智史(而非意识形态史)是正确的,但无神论的反题不是宗教,而是有神论,二者的区别是心智层面的。尽管甲宗教、乙宗教和反宗教思想之间的区别是意识形态层面的。

真。[1]心智史并不直接与科学史相关,却与科学世界观的传播史相关。

世界观与意识形态的真正区别,在于人们对前者信以为真。"信以为真"的标准是历史的,这与日用而不知的"逻辑"相区分。什么是物?什么是科学?它们曾被海德格尔和波普尔当作哲学问题,却无法通过概念分析获得确定答案。对待"物"的对象化或非对象化态度,以及对科学与非科学的划界,皆不是逻辑的而是在历史中诞生的。

即便非历史的哲学原则,其发现史与接受史亦是历史的一部分,而非哲学的一部分。诸类心智发现或接受哲学真理的能力不同,同样普遍成立的原则,有人视之为豁醒与解放,有人视之为彷徨与虚无。例如"是"与"应当"的二分,即事实与道德(而非价值)[2]的二分对一切人普遍成立,却与悲剧精神相合,与宗教精神相悖。因为悲剧在评价诸价值的高下时,是不顾事实顺逆,且轻视所有固化的价值级序的;宗教却预设事实层面的善恶报应和固有的价值级序,就像

---

[1] 1735 年巫术法的立法理由:"...whereby ignorant Persons are frequently deluded and defrauded..."
[2] 一种流行的谬误是将"is"与"ought"的二分误解成事实与价值的二分。然而"ought"只能理解成诸价值的评价尺度,即道德。事实与价值无法二分,我对某事物有正面的价值体验,这既是一个价值也是一个事实,然而道德却是将该事物的价值与其他事物的价值比较取舍的尺度,是被承认的形而上学设定,而非被发现的事实。

《神曲》中的九重地狱和九重天堂。

意识形态最终须基于某种心智。例如有神论世界观是一切宗教的前设，无神论是与之相对立的前设；我们会将诸多的政治灾难归责于诸意识形态，却无法将其归责于单纯"有神"或"无神"的世界观。再例如达尔文的时代尚未有基因科学，演化论只是一种可能性，其逻辑却已改变了西方人的心智；波普尔认为"适者生存"不是生物科学，而是我们赖以理解经验的情境逻辑（situational logic），在非生物领域同样成立：一定环境下较稳定的原子核会比不稳定的更多，也更易组成化合物。[1] 社会达尔文主义基于演化论并误用了它，清末民国的其他意识形态却又多以社会达尔文主义为前提。[2] 反过来，世界观却不以意识形态为前提。某人反对社会达尔文主义，从中推不出他是否相信演化论；然而某人若视演化论为荒谬，则必不可能信奉社会达尔文主义，即便他支持某些政策，也与达尔文主义**语境**无关。

历史诸方面的逻辑位置决定了它们相互影响的方式。世界观直接限制着人可能持有的意识形态，意识形态却无法直接影响世界观；尽管由于人之本性皆追求自洽，意识形态支持者也会试图改造自己的世界观，或向他人宣传某套

---

[1] Karl Popper, *Unended Quest: An Intellectual Autobiography*, London: Routledge, 1992, pp.195-7.
[2] 浦嘉珉：《中国与达尔文》，钟永强译，南京：江苏人民出版社，2008年。

世界观，以营造该意识形态的逻辑前提。然而这些自欺与欺人一旦形成世界观命题，它就独立于意识形态。例如堕胎争议中的世界观问题即胚胎从何时起算是一条**命**，从何时起算作一个**人**？尽管天主教会倾向于将时间点无限推早，该问题本身却无关宗教，甚至科学也不能完全解答，因为生物学不回答"什么是生命"或"什么是人"，该世界观问题的判定最终关乎直觉。

世界观与意识形态尽管交织于某些事件，却分属两个语境。在当今信不信中医既是世界观层面之事，也是意识形态层面之事；它是世界观层面之事是由于非科学区别于科学，它与民族主义相关是因为中医对立于"西"医；"西医"并非科学词汇，而是东亚视角下的意识形态。明治维新前后的兰医与汉医之争也关乎意识形态。青年福泽谕吉敌视汉医既与他重实证、轻玄想的心智有关，也与当时兰学、汉学之争的意识形态站队有关，[1] 却唯独与现代医学无关，因为在巴斯德提出细菌学说（并彻底驳倒体液论）之前尚无现代医学。

科学对待身体的方法与"人"无关，分子生物学等方法同样适用于其他生物。在现代哲学中，尽管上手状态（zuhanden）的身体仍属"自然"，作为对象的身体却是演化史的结果和技术的对象。现代哲学中的"人"没有明确的形

---

1 福泽谕吉：《福泽谕吉自传》，马斌译，北京：商务印书馆，1980年，第78页。

象，这一日用而不知的原则影响了诸方面的世界观：当今欧美许多公共图像中都有欧、亚、非三裔男女并列，此种图像并非构建了而是剥去了观看者对人类身体的想象；其主题不是人类形象的集合，而是无形象的人。它并不企图穷尽差异（现象之间的差异是无限的，不可穷举），其真正意图是消解以单一族裔和性别代表"人类"的刻板印象。

现代人模糊了对身体的想象，却发展了对"内在世界"的心理想象。心理学与历史学作为解释学的两大应用皆产生于19世纪中叶。由于不存在直接描述"心"的私人语言，心理学话语须借助隐喻构造心智史；它们不是发现了而是发明了历史中的人性。其中某些隐喻在哲学上有截然的对错之辨，例如白板论(tabula rasa)的错误心灵图像无法发明出"白板人性"。然而另一些关于"心"的想象却无所谓对错，弗洛伊德的"俄狄浦斯情结"和布鲁姆的"哈姆雷特情结"的差别，只是布鲁姆比弗洛伊德有更充分的历史和语言自觉。更常见的例子是关于"心"的物理隐喻，例如汉语中的心软、心硬，以及英语中的"hard-hearted"。若拒绝这套借自物理语言的硬度隐喻，而将思维区分为直觉和反思，或将诸直觉区别为幻觉和非幻觉,这种人性必与使用"心肠软硬"

隐喻的人性相当不同。[1] 再例如19世纪欧洲语言中没有心理"压力"（Stress）的概念，该隐喻是1930年代借自材料物理学的；19世纪的人曾经谈论"神经衰弱"（Neurasthenie），而今西方人已经很少用这个词。[2] 关于"心"的"材质"或"力量"的物理类比并非先验的而是历史的。

对此类心理学词汇的理解基于对物理的理解。当我们谈论心理"压力"时，"心"被设想为弹簧：压力过大意味着它可能反弹或断裂；而在"崩溃"的隐喻中，"心"被想象成堤坝。然而导致每个人最终反击或放弃的，皆是生活中各异的具体理由，陈述具体理由无须"压力"之隐喻。当我们说丘吉尔顶住了巨大的"心理压力"拒绝与纳粹和谈，和说丘吉尔直面巨大的危机并于前途未卜之际作此选择，前一种表述比后者多出的那层隐喻其实是冗余的。描写丘吉尔的心理"压力"是以力学隐喻塑造人物性格的"内在图像"；然而人物性格在说明了外在行为及其意义时会自然呈现，无须隐喻修辞。"坚强"不同于"勇敢"，前者是一个关于"心"的力学隐喻。由于心理治疗话术原则上无法区分于社会治理

---

[1] 例如当面对有轨电车难题，以心肠"软硬"之隐喻看：杀一救五是硬心肠，什么都不做是软心肠。然而从"直觉"与"反思"的区分看，杀一救五的价值直觉是经反思的，而将舍五保一描述为"什么都不做"是未经反思的，袖手旁观也是行为。
[2] 于尔根·奥斯特哈默：《世界的演变：19世纪史》，强朝晖、刘风译，社会科学文献出版社，2016年，第449页。

话术，从政治的观点看，我们关于内在世界的隐喻常是意识形态的。

将"心"类比为机械的心理学隐喻的逻辑推论之一，是政治学也把政治"规律"比喻为机械，又比如经济学隐喻"杠杆"，其危险在于虚构出对规律的迷信。为了以有限的规律规训无限复杂的人类心灵，诞生过一个更凶险的谬误，即教育学隐喻"人类灵魂的工程师"。工程学语言只适用于可将整体无损分割成有限可数单元，且每一单元皆确定可控的事物。历史的诸方面都关联于历史的其他方面，政治力量最终须作用于人的欲望和恐惧，例如利己心或畏死本能。当畏死心理失效，相关规则也就烟消云散。政治规律"民不畏死，奈何以死惧之"的前提是"今亡亦死，举大计亦死"的心智；然而此种性格并不普遍，否则大屠杀史，乃至世间诸多不平之事都会被改写。另外，政治史将利己心和畏死本能承认为自然的，心智史视角下的"死"却呈现出诸多层面的意义。

将死亡视作一切的终结的态度是现代的，诸时代对"死"的想象亦有历史。菲利普·阿里耶斯认为6～11世纪的欧洲人将死亡视作寻常，并不惧怕死亡，在平静中等待注定到来的末世和救赎，且这种平静尚未被对末日审判的恐惧打破；这一时期的墓碑上没有姓名，不同于后来的个人自我

(self)之死。[1] 中古早期的文化之幕模糊了"作为一切之终结的死"的赤裸态度，冰冷虚无的死亡仿佛变得宁静祥和。然而每时每刻都将死亡视作寻常，毫不将其视作"我之死"的人并不存在；中古早期关于死亡的世界观，不是处于海德格尔[2]与阿里耶斯"之间"的某个"程度"，而是他们可能在此刻相信人死了就什么都没了，在下一刻相信死后有天国，却不可能在同一时刻混合两种矛盾的信念。

在本节的最后我将用两个例子讨论心智可塑性。其一是我们对速度和空间的感觉，它取决于技术史。19世纪的人乘坐火车会紧张恐惧，然而人类一旦对技术习以为常，就忘记了高速运动机械的潜在破坏力，甚至绑安全带也需要宣传和强制。[3] 其二是"爱"的意义。劳伦斯·斯通认为，17世纪之前的英格兰家庭中，由于儿童夭折率居高不下，父母不会对孩子倾注很多情感，每个孩子都不被视为独一无二，而是彼此的替代品，直到18世纪初才有所改变。[4] 阿兰·麦克

---

[1] Philippe Ariès, *The Hour of Our Death*, trans. Helen Weaver. New York: Vintage, 2008.
[2] 海德格尔指出"作为一切的终结"的"我之死"这一生存论意义，先于死亡的诸文化史意义。参见《存在与时间》第49节。
[3] 沃尔夫冈·希弗尔布施：《铁道之旅：19世纪空间与时间的工业化》，金毅译，上海：上海人民出版社，2018年，第227—229页。
[4] Stone, *The Family, Sex and Marriage in England*. 阿里耶斯（对法国史的研究）与斯通在这一问题上并不完全一致，前者认为中世纪人没有"童年"，他们将儿童视作小型大人，17世纪是一个杀婴和溺爱儿童并存的时代，当今的儿童观念是直到卢梭时代才最终形成的。Philippe Ariès, *Centuries of Childhood*, New York: Vintage, 1965.

法兰质疑了该观点，证据是一位父亲留下的日记中在孩子生病时的忧心和夭折时的悲痛。[1] 如果历史学必须揭示"爱"在诸时代的诸意义，麦克法兰的方法就是非历史的，忽视了斯通列举的种种变化。然而斯通关于父母会因为高夭折率而不爱孩子的观点，又独断了"爱"这个并无确定词义的概念的意义。演化论与遗传学足以说明为何哺乳类父母有育儿本能，然而有语言的动物的本能不再是"生物的"。[2] 对新生儿的祝福是有死者对尚未意识到人之有死的生命的祝福，是可能性已受限变窄的人对尚有丰富可能性的生命的祝福，是过去对未来的祝福；在这祝福中，父母照见了个体的必朽和人类的延续。[3] 这是父母之爱的一般构造，无论父母对此是否自觉。也正因此，父母之爱中必然有期望，诸时代的父母之爱也受该时代所能期望与所应期望之事的限制。

---

1 Alan Macfarlane, *The Family Life of Ralph Josselin: A Seventeenth-Century Clergyman*. Cambridge University Press, 1970.
2 参见《存在与时间》中对此在于世界和动物贫于世界的区分。
3 人是向死存有的，沉沦是此在的生存论规定，这是普遍成立的。关于它的情绪体验却因人而异，例如没有孩子的人更可能对有死者的在世沉沦有更深的畏（Angst），不生育的性别也更可能对此有更深的体验，父爱与母爱亦不相同。但以上都不是原则性的区别，属于心理学而不属于哲学。

五、文本解释与作者意图

历史上的文本由各怀意图的人写下，故意或无意间留传后人。擅长辩讼的古希腊人同样擅长史学，希罗多德的《历史》中有许多转述他人的矛盾之辞，这位最早的史学家深知诸方说法各怀动机，所以时常只作陈列，不加裁断。至于希罗多德自己的写作意图，他在开篇就表明其研究旨在"保存人类的功业，使之不因年深日久而被遗忘"。这貌似已是历史学家所能持有的最正统的意图。

然而最擅长史料作伪的，正是那历史意识最发达者；最欲作伪的，正是那最重视"身后名"者。因此官修史书常不可信，私人自传也难免自美之嫌。尽管历史学最终须依靠史料证据，却不可轻信古人的话语意图。然而即便是为欺骗后世而作的文本也是史料：谎言不是无意义的乱码，为了将一个可能世界混入这个现实世界，谎言必然以另一些真话为前提。何况史官制度的存在已暴露出政权对真相的垄断，私人自传或日记的出现，也意味着"自我"观念和将生命把握为一个由生到死的整体的反思的强化。

历史是一无所不包的整体，被书写的只是其中片段；人类不是为记忆而记忆，而是为了某种**价值**选择记忆某些事并遗忘另一些。选择性的历史书写不一定出自偏见，即便最公正的、以学术为志业的历史学家也会尤其关心某些问题，带着个人或时代的欲望写史；他们选取这段而非那段历史的动机，常取决于时代和际遇。陈寅恪晚年选柳如是为题，绝非无涉价值关怀；德罗伊森笔下的亚历山大折射出了19世纪德国人的政治渴望；A. J. P. 泰勒在冷战时代研究僵化的军政机制与外交误解如何引发一战，其中透着对三战的忧虑。首份史学期刊《历史杂志》的1859年创刊词将史学同时区分于"政治"和"好古"研究：历史学在方法上要不受当前政见的影响，在对象选择上却要偏重与当今现状有关的题材，例如近代以来的本国史。[1]

原则上说，历史学家可根据偏好选择研究对象，对给定对象的剖析却不可任意。然而有时这种二分法本身就很可疑。例如在近代欧洲和古埃及这两个相互独立的题材之间作选择时，历史学家是完全自由的；然而"近代欧洲"这个研究对象一旦选定，对其中更具体对象的选择，本身即是剖析"近代欧洲"之整体的结论，因此也不可任意。近代史家们不会指责他们的同学选择了埃及史方向，却常指责其他近代史家忽视了历史的某个方面，例如爱森施坦不满布罗代尔偏重航海术、低估活字印刷术的影响，[2] 刘易斯·芒福德认为对

---

[1] "Preface: Historische Zeitschrift", in *The Varieties of History: From Voltaire to the Present*, Fritz Stern (ed.), New York: Vintage Books, 1973. pp.171-2.

[2] Elizabeth Eisenstein, *The Printing Press as an Agent of Change*, Cambridge: Cambridge University Press, 1979. p.27.

工业革命影响最大的发明是钟表而非蒸汽机,[1]可见贸易史、文化史、社会史、能源史视角下的技术史各不相同。

诸位史家各有侧重地揭示历史中的某种构造,或是因为察觉到类似的构造影响着自己所生活的时代,希望借澄清历史照亮现实;或是为描绘该构造诞生(或消亡)前后生活形式的改变,而生活形式的诸可能性总意味着价值的诸可能性,对另一种价值可能性的展示即是对现实的反思。描述人类何以一步步走到今天的学科,也正是揭示人类本来不必如此的学科。

不存在无前见的历史学家。正如 E. H. 卡尔所言,研究历史之前须先研究著史者,而研究著史者又须懂得他所经历的时代。历史学家不是站在静止的岸边观察历史的,他本人也身在河流中。作者意图与文本内容之间构成了循环,一者的不确定会传递至另一者;作者意图并非在文本内容之外,而就是文本内容的一部分。史书上的句子不能被天真地视作有关过去之事的"命题"。弗雷格曾试图将命题内容与相信、怀疑、反对等"命题态度"相分离,维特根斯坦却认为:陈述命题只是人类的诸生活形式之一,若不预设一句话的态度,就不能确定它是一个命题(而非反讽或玩笑)。我们以两句农民起义宣言为例,即"王侯将相宁有种乎"和英国中世纪编年史家记载的"在亚当耕、夏娃织的时候,谁又是绅

---

[1] Lewis Mumford, *Technics and Civilization*, London: Routledge, 1934. pp.14-5.

士呢"[1]，来说明作者意图的复杂性。

《陈涉世家》的整个故事始于"燕雀安知鸿鹄之志哉"，"王侯将相宁有种乎"的前句是"且壮士不死即已，死即举大名耳"。英雄史学必然带有史诗性，[2]司马迁（以及普鲁塔克）挑选这些人树碑立传，不是为了兰克式的"如实（wie es eigentlich gewesen）直书"，而是为了"古者富贵而名摩灭，不可胜记，唯倜傥非常之人称焉"这一道德目的。司马迁这句"平等主义"宣言的意图不在平等，而为消除出身贵贱等外在偶像，以彰显德性的内在尺度。正因为这一尺度最平等，它才最具决定性地裁决了生命的高下。因此"王侯将相宁有种乎"既不是关于陈胜言行的史实报告，也不能被理解为一句平等主义宣言，而是以王侯将相之鄙陋，反衬壮士之高贵。

与司马迁相反，记载"在亚当耕、夏娃织的时候，谁又是绅士呢"的中世纪编年史家视封建等级为理所当然。因此

---

[1] "Whan Adam dalf, and Eve span, Wo was thanne a gentilman?" Thomas Walsingham, *Historia Anglicana.* Vol. II, Henry Thomas Riley (ed.), London, 1864. p.32. 除此句外，相关原文皆为拉丁文，英译参见 R. B. Dobson, *The Peasants' Revolt of 1381*, London: Macmillan, 1983. p.374。

[2] 海登·怀特指出凡史学皆有审美风格，这不意味着史学与文学无异；我们虽无法肯定唯一真确的历史解释，却能否定很多完全荒谬的胡编乱造。世间诸人诸事诸理无不辉发出"风格"：斯宾格勒觉得牛顿力学像"阿波罗精神"，普朗克和爱因斯坦的理论像"浮士德精神"，这绝不意味着物理学都是些"文学"。一件事情或一条原理不能等同于其相关"体验"。

他转述起义者的主张的写作意图有**可能**是讽刺：看哪！竟荒谬到了这种地步！作者意图究竟是陈述还是反讽，解读的分歧无法消除。只有预设了什么是正常的，才能得出什么是可笑的。因此作者意图是否在讽刺，取决于他能否理解"平等"，是将其视作一种（尽管不赞同的）可能性，还是视作完全荒谬。

此处的问题是：人是否可能毫无平等观念？启蒙主义者认为"平等"观念日用而不知地存在于一切社会，历史主义者认为此种观点只是启蒙主义。启蒙的观点最终可写为一个解释学命题：人格平等的观念是一切不平等意识形态赖以被理解的前见，正如直线之观念内在于曲线中、真实之观念内在于谎言中。在人类社会中，不平等总是有理由的，而平等是无理由的，凡是理由最终皆须基于另一些无理由的原则。如果不先预设"人格"的平等，我们甚至不知该将不平等的意识形态置于何种基础。平等之道德既是被发现的，也是历史中被发明的。人类常欲望模仿境遇更优越者、人类物种的个体暴力大致相当[1]、人类畏惧暴死而战争会导致暴死，和平的前提是就利益分配达成共识，皆是超越历史的普遍规律。尽管尊卑观念在中世纪被视作理所当然，但无论在怎样的时代，平等主义总会唤起人们对原始暴力均衡的联想。因此我们无法确定上述中世纪编年史家在陈述

---

[1] Thomas Hobbes, *Leviathan*, London: Everyman's Library, 1976. p.63.

起义者的主张时究竟有几分陈述、几分讽刺，以及其中是否隐隐有恐惧。

这里牵涉的另一个问题是：人格平等之道德观念为何在现代获得了胜利？平等之道德确实是在历史中被发明而非发现的，然而由于上述**规律**，这一发明却非任意。平等观念的传播与获胜是心智史的一部分，而非道德哲学的一部分。现代人不是被规定在他所出生的社群的道德观念中，而须在诸道德观念之间作选择。道德目标的实现需要政治、经济等实践手段，人们常以为目的必先于手段，然而现代人**选择**"人格平等"为道德尺度，却是因为唯有人格平等的道德能被低成本地切实付诸实践，倘若违逆则代价极大，可见手段亦能反过来影响目的。社会科学无所谓"形而上学奠基"，而是一个多面整体，某一社会思想正确与否不仅取决于它内部的自洽性，还取决于是否与其他方面的条件相契相配。例如在普遍关联的陌生人社会中，道德哲学与政治经济学虽有原则性区别，却须相互协同。平等主义在历史竞争中胜出，并非因为它更"自然"，而是因为它符合绝大多数人的长远需要，而现代世界撤去了阻碍其表达的因素。

六、作为历史之一部分的科学史

人世间奇异的技艺虽然多，却没有一样比物理学更奇异；它以人类在历史中构造出的语言，去把握非历史、非人之事。物理世界是一个与生活世界在原则上相区别的世界，但这并不意味着人类探索物理规律的历史独立于整体历史之外。观测装置和物理语言构成了物理学史的核心，理论革命或"范式转换"本质上是新旧语境之间的断裂；提供这些观测装置的技术和经济条件，和有助于产生和传播这些概念的文化与社会条件，则构成了物理学史的外围。物理学家只需关心核心，而科学史学者则必须兼顾外围。

上文已说明过，每个时代"信以为真"的标准不同。原因之一就是人类对物质世界的认识一直内含矛盾，从未自洽地解释一切已知现象。20 世纪物理学革命造成的矛盾，不亚于哥白尼的日心说为 16 世纪造成的矛盾。对哥白尼时代的人而言，如果太阳的升落只是地球自西向东的自转，则掉落的东西为何不会向西偏离？地表的物体为何不会被甩出去？这些问题在牛顿时代得到了解决。而当今物理学中的种种谜团离解决还遥遥无期。即便未来人类终于用有限的概念将已知一切现象无矛盾地纳入一套数学描述，由于"已知宇宙"的历史局限性，人类仍将无法宣告物理学史的终结。这意味着无论宇宙真理是否可知，人类即便知道了它，也只会将其当作"迄今真理",而无法证实它就是宇宙真理。因此就算人类最终能够触及那非历史、非人的真理,在人的知识范围内,也只能将其理解为人类历史的产物。

如波普尔所言,"科学发现的逻辑"在于预言和证伪,它是前瞻性的;库恩却指出对科学的反思是历史反思,而历史反思总是回溯性的,标记出既有理论中的前见。1919年爱因斯坦在日食实验中成功地预言了光路偏折,却仍有物理学家坚持抵制相对论,他们并非看不懂观测结果,而是未能意识到牛顿时空观是一种因人类身体及其周遭世界的尺度太小而产生的前见。

科学研究者须洞察既有理论中的种种前见,以及现有实验观测设备是根据何种理论和工艺制造。人类对物理世界的理解始于对周遭世界的描述,然而人不是在"白板"上建立科学的,而是带着演化史赋予人类的感官和文化史赋予人类的前见构建它的。我们无法一劳永逸地先剔除所有前见,再建立严格的科学;倘若剔除一切肉眼无法验证的前见(时空是否绝对,透镜是否扭曲了空间,天上与地上的规律是否统一,温度是否受颜色影响,无中生有是否可能),物理学就会陷于无休止的怀疑论而无法开始。

物理学史上的语境断裂不一定改变数学描述:当牛顿将伽利略的匀加速运动学、开普勒的星体运动学都改写成"力"学,并主张天上地下万物皆循一理之时,语境革命已经发生。

比例是几何学概念，物理时间是运动学概念，施力与受力则是**因果**概念。此处涉及心智史的转变：运动学是一种描述，而因果则是一种解释。

另一些语境转变却是由测量精度和数学描述的改变引起的。20世纪物理学脱离了人类身体感官的尺度，使得"时间"、"空间"等概念的语义具备了超越人类感官的精密意义。然而物理语言不会完全脱离日常语言，例如物理上的"时间"、"空间"仍有一层意义与生活世界中的时空观共有，该意义是被直接领会的，无法也无须被进一步阐明。物理学教科书中的学科史是极为简化的，仅服务于理解当今被认为可能正确的物理理论：一端是生活世界中的日常经验，另一端则是前沿理论，历史的任务只是将二者相连。物理学的源始体验（例如钟摆的等时性）来自生活世界，物理学史上的旧语境也比新语境更切近生活世界，历史的顺序与经验认识的顺序同一，在实验室里（或在思想中）重演物理学史上的重要实验似乎既是学习历史，也是学习非历史的自然规律。从历史学的观点看，这是在以今注古；从物理学的观点看，则是固步自封，自认为当今流行的一切范式都必然比史上曾有的更正确，然而在物理定律能够无矛盾地描述一切经验之前，这都无法保障。我们更不能将今天视作错误的理论逐出科学史：牛顿认为光是颗粒，这是17世纪微粒论语境下的猜想。这一猜想是谬误，却仍是物理学谬误。因为若要以一套理论描述万物的诸属性，就必须将无穷种材料之间无穷的质料差异，设想成有限种单元的组合结构差异，因此微粒论是还原论科学的一种形式，哪怕只是其原始朴素的形式。

语言哲学将科学与非科学的"划界难题"改写为"其他语境"与"科学语境"的界限问题：划界之所以困难，是因为物理学不是无前见的，其语境必定与其前见的语境相通，因此必然存在某些跨界的命题，例如我们很难说"万物不可无中生有"是否科学，但它确属于我们赖以理解科学的因果世界观。然而，我们仍能很方便地将另一些命题排除出科学：牛顿相信万有引力与上帝有关，凡人无法知其真假，却能确定它无关物理学。在第二节中，我们已经谈及前见与偏见的区别。历史学对牛顿的私人手稿中的神学观点的关心，不应超过对某个16世纪末意大利磨坊主的"奶酪与虫子"宇宙观的关心：正因为牛顿的个人天才，其神学观点相比一介"民科"更少地依赖传统，反而更难展示文化史的视域。

既然物理学对待理论语境和观测条件的态度也是历史的，物理学与科学史的区别就不是非历史与历史的区别，而是较专精的历史与较宏阔的历史的区别。后者更关注物理学与历史的其他方面之间的相互影响。物理学家只需用计时器测量时间，历史学家却关注将时间公共化、精密化的钟表技术史。物理学家只需用透镜将观察者从以人类身体（肉眼）为尺度的周遭世界带入一个更宏阔、更精密的世界，历史学家却关心玻璃工艺的发展与传播，即生产透镜的前提。[1]物理学家只需知道开普勒使用了第谷天文台的精密数据，历史学者却研究第谷的数据的传播史，讨论印刷术在其间发挥的作用。[2]物理学家只需理解历史上留下的数学公式，历史学家却将世界的数学化视作一种历史心智，即精密科学诞生的前提。哲学家已指出数学描述的"简洁性"其实是价值标准，而非某种"自然"的事实，[3]历史学家则须将此种看似普遍的、非历史的"审美"倾向视作历史塑造的心理倾向，讨论它是如何形成、强化并影响了科学史的。[4]

---

[1] Alan Macfarlane, *Glass: A World History*, Chicago: The University of Chicago Press, 2002.
[2] 参见 Eisenstein, *The Printing Press as an Agent of Change*。对第谷的"印刷文化解释"遭到了反驳，被认为夸大了印刷术在16世纪的作用。参见 Adrian Johns, *The Nature of the Book*, Chicago: The University of Chicago Press, 1998.
[3] Hilary Putnam, *The Collapse of the Fact/Value Dichotomy*, Cambridge, MA: Harvard University Press, 2002. pp.31, 135.
[4] 该影响不一定是正面的，物理学家对此的相关批判参见 Sabine Hossenfelder, *Lost in Math: How Beauty Leads Physics Astray*. New York: Basic Books, 2018。

七、历史中的连续与断裂

历史中尘封了许多永逝的词与物,甚至词与物之间的关系也在变化中。福柯指出文艺复兴的知识型基于相似类比(例如将风车类比成巨人),紧随其后的古典时代的知识型则基于观念表象(representation,例如以钟表和地图代表时空),并认为二者间的转变大约发生于 17 世纪中叶。世界不会在某一时刻整体质变,所以历史看似连续;然而两个时代在某些方面的差异是原则上而非程度上的,因此历史又是断裂的。[1] 例如巫术心智基于相似类比的知识型,其衰落体现于"迷信"(superstition)的词义变化:17 世纪上半叶时这个英语单词意指"错误的宗教",常被新教徒用来贬低天主教;至该世纪下半叶,词义变成了"非理性恐惧"。[2] 由于存在着原则性的语境差异,这两个时代是断裂的;然而操持旧语义者是一个一个地老死,操持新语义者是一天一天地成长的,历史又是渐变的。该悖谬容易澄清:因为每个句子中"迷信"的词义都非此即彼,所以从微观的视角看,历史仍不连续。

此种不连续性体现于文化史定格为事件史的时刻:历

---

1 Michel Foucault, *The Order of Things: An Archaeology of the Human Sciences*, London: Routledge, 2002. pp.55-60.
2 Peter Burke, *Popular Culture in Early Modern Europe*, New York: Harper Torchbooks, 1978. p.241.

史很少"民主地"反映人口统计学意义上的"平均"心智特征，被置于历史关键节点的个体不得不在词义的有限选项之间作出非此即彼的选择。从民意统计的宏观结果看，历史永远是灰色的，然而这灰色由无数的黑白单元组成；每到决断关头，语义仍是非黑即白的。另外，使语义清晰化的说理若不能让人放弃因误用语言而生的心理执念，就只会将断裂彻底暴露；理性在历史中的作用不总是导致进步，它有时不叫地上和平，而是叫地上动刀兵。

历史中诸词义演变先后不一，任何重大的心智或意识形态转向，都是一系列新词义取代旧词义的过程。况且历史不仅是文化史。经济史（或人口史）上14世纪中叶的黑死病是划时代的剧变，历史同期的其他方面却不必有同等巨大的变化。产生"历史连续性"幻觉的原因，其实是历史诸方面的断裂年代参差不齐，当某些语言、制度或技术发生断裂性突变时，社会的其他方面变化缓慢。然而历史的某些方面断裂剧变、另一些方面保持不变的状况，不能简化为"整体上"的程度渐变。历史就像一边航行一边改造自身的忒修斯之船，每一个零件的更新都是一次断裂，都伴随着希望和不适；只有将诸方面混为"整体"，船的变化才看似连续。[1]

---

[1] "革命性变化"往往是对历史的诸方面的协同变革，单一方面的改变常因缺乏配套因素而失败。例如新教改革与印刷术的配合就堪称一场革命，前者培养了人民的阅读欲望，后者提供了普及阅读的技术条件，二者缺其一则不能成事。

与连续性相关的是"起源"的概念：它只能指涉较具体的事物，例如拉丁字母起源于罗马。而"现代世界的起源"、"资本主义社会的起源"、"现代国家的起源"等用法则无意义，因为"世界"、"社会"和"国家"都包含了太多方面。[1] 赫伯特·巴特菲尔德与马克·布洛赫都批判过"起源的神话"，它与连续性神话一体两面，其巨大诱惑力在于它也正是"命中注定"的神话：仿佛当前现状，甚至历史终局，在开端早已注定——如果当前的流行观念与过去连续，则印证了神话；如果当前的流行观念明显断裂于过去，则只是神话最终实现之前的暂时插曲。论证民族历史"命运"的意识形态无不神化民族起源并论证其连续性，一个神话必然导向另一个。

"现代社会起源于中古英格兰"和"由于中古英格兰的某些习俗，它较其他文明更易转变成当今社会"这两个句子中仅后者有意义。彼得·拉斯莱特指出16世纪英格兰的家庭和工业革命后的核心家庭人数变化不大，[2] 阿兰·麦克法兰指出英格兰家庭的某些结构在数百年间变化甚少，[3] 这些

---

[1] "现代性"在历史学中充满歧义，因为"现代"其实是一套哲学原则而非史学分期，无人知晓要到何年才算"完全现代"；本雅明将波德莱尔时代称为"发达资本主义"，这在21世纪看来落后得近乎原始，后人看当今亦如是。

[2] Peter Laslett, (ed.) *Household and Family in the Past Time*, Cambridge: Cambridge University Press, 1975.

[3] Alan Macfarlane, *Marriage and Love in England: Modes of Reproduction: 1300-1840*. Oxford: Blackwell, 1986.

都是英格兰的现代化变革较顺利的原因，却不能说现代世界"起源"于英格兰，或中古英格兰是现代之"萌芽"。历史中的诸事物相互关联，即便所谓"事情本身"看似未变，背景条件的变化也改变了它。社群（community）中的家庭和社会（society）中的家庭功能不同，后者是与公共空间对立的私人场所，担负着曾由社群提供的某些社会心理功能。[1]因此我们只能说英格兰古、今家庭在人数规模等**具体**方面有连续性，却不能说后者整体地起源于前者。

与起源的视角相对的是终末的视角："现代世界的诸要素"这样的说法虽不是无意义的，却是非历史的，寻找现代社会的必须要素其实是寻找现代性的永恒构造，该视角是末世论的而非历史的。在终末的视角下，核心家庭也就没那么必要了，它虽比大家庭更适合工业社会，却并非逻辑上的必要条件。即便对于民主化、工业化等现代社会的必要过程，我们亦不能满足于将其罗列出来，仿佛朝着清单上的目标前进就够了；更须研究它们在诸时诸地与其具体环境的交互作用，新生事物总是在某一既有秩序下成长的。稀释浓硫酸时先倒入水与先倒入硫酸结局完全不同，现代社会诸要素的出现顺序不同也会改变其间关系：在某些情境中相辅相成的两种因素，在另一些情况下一

---

[1] 亲属和社群关系的弱化留下的真空并不完全由核心家庭填补，随着社群的解体，个人对"国家"的忠诚也加深了。参见 Stone, *The Family, Sex and Marriage in England*, p.134。

者却阻碍、拖延着另一者。例如民主化与工业化的先后顺序不同，影响了英、美、法和德、日、俄的历史结构。与之相关的是：追求道德—政治平等和社会—经济平等的先后次序不同，亦会有类似影响。这些先后顺序导致的历史结构差异有具体而复杂的历史归因，但在哲学上都关乎行为后果的确定性随时间递减，和人性中常有的短视这两条抽象规律。

在澄清了起源和连续性概念只适用于具体事物，不适用于整体历史之后，历史"分期"（periodization）问题的实质就一目了然了。

"历史"是一无所不包的巨大整体，历史学家却只是凡人，仅能以有限的生命观其一隅。我们以经济史、科学史、美术史等方面"横向"分割了历史，又以年代分期"纵向"分割了历史，好让研究者们各司其职。然而历史的每个方面都受其他方面影响，每个时代都渗入前后的时代。诸力量之间没有前台与背景之分，在不同的视角下它们互为背景；历史中每一种力量总会牵扯其他的力量，诸事的变化却不同步。仅罗列单一方面的时间表（例如某王朝皇帝在位年表、某地区人口年鉴）尚不能算作历史，那么该以历史的哪个方面的时间表为"整体历史"分期呢？

某个领域的变革在多大程度上能作为历史分期的"纵向"分水岭，取决于它对同时代其他领域的"横向"影响力。许多历史学家偏爱以统治者划分年代，布洛赫认为这是对权威偶像的迷信。[1]倘若"晚期斯图亚特时代的科学史"能够成立,"牛顿之后的制度史"也就不成问题。物理学助长了不承认神秘权威的态度,随着持此种心智的人口比例于数百年间缓慢增长,从未想过改变政治的牛顿却间接参与改变了政治赖以被理解的语法。心智史的缓慢变迁参与改变了几乎所有事物,对历史上任一事件的影响却往往间接而有限。心智史上不存在分期节点,它被强行划分的节点都借自历史的其他方面;伍尔夫在写下"1910年12月左右,人性改变了"[2]这句话之前,就先已意识到了它的奇怪之处。

历史在某一方面的变化,常需要长久积累才会导致另一方面的变化。斯图亚特君主复辟同年成立了皇家学会,结出硕果之时已近光荣革命;牛顿在海峡对岸的启蒙哲人中的影响,[3]则需更漫长的时间才会导致政制巨变。正由于历史诸方面的变化不同步,历史学家常选取几个方面同时发生断裂的时代进行分期。例如将西欧史上的1680年代末至1790年代初之间的百余年视作一个分期,其**意义**既可指从英国革命到法国革命,也可指从科学革命到技术革命,或启蒙时代。这些转变的前提,即崇古心智和巫术心智的衰落,也完成于大

---

[1] 马克·布洛赫:《为历史学辩护》,张和声、程郁译,北京:中国人民大学出版社,2006年,第155—156页。
[2] Virginia Woolf, *Mr. Bennett and Mrs. Brown*, London: Hogarth Press, 1924.
[3] 启蒙时代的世界观与牛顿的关系,相当于社会达尔文主义与达尔文的关系。

约17世纪末。[1]于是政治史、科学——技术史、思想史学者达成了一致。然而这仍非对"整体历史"的分期,不仅因为历史并非仅由这几个方面构成,也因为历史的这几个方面仍然从旧时代继承了许多要素,例如托克维尔就列举过革命政权对旧制度的某些延续。既然"起源"或"连续性"之概念不能用来描述历史整体,只能描述历史的具体某个方面,那么"分期"是对不连续性的标记,对历史整体进行分期亦无意义。

众多的历史分期又可被归为两类。一种分期将重大事件或剧变置于首尾,划出两端之间的时段区间,例如将"19世纪欧洲史"框定为从1815年到1914年:这一百年内的欧洲在许多方面不同于1789年之前或1918年之后的。相反的分期法同样可能:将剧变置于时代中央,将其起兴和后续分置两端,此类分期常见于革命史或战争史。这两类历史分期中,前者关注社会渐变以及它如何酝酿了剧变的条件,后者关注剧变中的抉择如何限制了后世的长远路径。例如前者研究魏玛时代的民族狂热、反民主思潮、反犹主义的兴起,后者研究第一次世界大战及其结果(凡尔赛条约)。只有当这两种视角交叠互补,历史才呈现出较完整的面目。由于历史学家也是他所属时代的产物,他们对历史中累积渐变或暴

---

[1] J. G. A. Pocock, *The Ancient Constitution and the Feudal Law*, Cambridge University Press, 1987. Keith Thomas, *Religion and the Decline of Magic*, Harmondsworth: Penguin, 2003.

烈剧变的兴趣差异亦受周遭世界影响。当今议会民主、税收福利等制度擅长消解矛盾，该环境下的历史学家自然更可能关注长期的经济和文化变迁；身处内忧外患之国的历史学家，其问题意识也会更接近托克维尔或修昔底德，更多关注革命史和外交史上的决断性事件。

史学分期的难题是因生活世界的普遍关联而生。历史诸方面的变化时间参差不齐，相互牵连，构成了庞杂的因果关系网络。接下来我们研究"因果"概念在历史学中的意义。

八、历史网络中的诸因诸果

在介绍了历史的多面性之后，我们来考察历史中的"因果"。休谟和早期维特根斯坦皆主张"无法从现在之事确知未来之事，对因果关联的信念是迷信"；[1] 罗素将因果律等同于决定论或充足理由律，主张取消"因果"，将其清除出严

---

1 Ludwig Wittgenstein, *Tractatus Logico-Philosophicus*, Trans. C. K. Ogden. New York: Barnes & Noble Books, 2003. §5.1361.

格科学，该观点颇受争议。[1] 然而因果概念即便不属于逻辑学，却仍属于解释学。历史学中的"因果"并非决定论、充足理由律或必然性。例如本尼迪克特·安德森认为印刷资本主义是民族主义的诸原因之一，只是说印刷术的规模应用"有助于"民族语言标准化，却既非充分条件也非必要条件。[2] 多面的历史决定了其中"因果"皆诸因诸果：不是时间序列中的一根线，而是一张网，诸力量的综合作用导致了后来的诸状况。

人类凭借对因果之网的理解或误解支配自己的行为，一切对"当前"或"既有"状态的陈述，都已包含对较确定的未来的预期；一切关于历史"后果"的判断，都是在

---

[1] Bertrand Russell, "On the Notion of Cause" in *Mysticism and Logic*, London: George Allen & Unwin Ltd, 1917. 罗素认为"因果"概念可取消，这意味着"力"之概念亦是虚构：动词"施力"（force）和"导致"（cause）是一回事。皮尔士认为"力导致（causes）加速度"和"力即是（is）加速度"之间既然无观测效果上的区别，那就没有区别。C. S. Peirce, "How to Make our Ideas Clear" in *Selected Writings*, New York: Dover, 1958. p.129. "力"与"质量"相互定义，若取消一者，则另一者也会被取消；它们为宇宙赋予了因果解释，而不仅是对运动的描述。我们可将 F=ma 和力的相互性（即牛顿第二、第三定律）理解成"互为'运动因果'的诸物体的'权重'与加速度大小成反比"的比例原则；"力"和"质量"其实就是"运动因果"和"权重比例"。物理语言最初仍须取自日常语言，否则就无法被理解。

[2] 印刷术是书面语言的标准化工具。然而在使用象形文字而非表音文字的文明，文字与语音脱节使其不受地方语音差异干扰，早在印刷术普及之前就达到了标准化。反过来，印刷书的普及也无法将象形文字的读音标准化，基于象形文字的民族发明工具是拼音和广播。

将假设的可能历史与真实历史对比。[1] 对于解释者而言,"人类从可能性来理解现实性。现实世界只有作为诸种可能世界之一才能得到理解,才有意义"。[2] 对于行动者而言,选择一种可能性意味着放弃其他可能性,因此"一切成本皆机会成本",成本之概念亦可还原为可能性之概念。由于人们什么都不做时也做了静止,在分析诸因诸果时不仅须考虑人们做了什么,还须考虑人们没做什么,更增加了因果解释的多样性。例如贫富差距的扩大既可归因于智能机器导致工人失业,也可归因于**缺乏**福利制度。布洛赫在论及因果时说,历史学家不把普遍持久的隐含条件(例如重力之存在)算作事件的原因。反过来说,那些被忽略的条件,即被默认为不变的甚至永在的,同时被排除出了功过是非的价值与责任判断。

历史学所关心的"因果关系"的悖论,是只有不严格的因果才被称为因果;在越严格的因果关系中,因与果越无法区分为两件事,其间的"关系"也越是等同废话。例如我跳起又落下,跳起是落下的因,落下是跳起的果,然而正因

---

[1] 有一本有趣的文集:Niall Ferguson (ed.), *Virtual History: Alternatives and Counterfactuals*, New York: Basic Books, 1999。其中每篇文章的副标题都以"What if"开头,假设政治、军事史上的某些关键决策如果改变,历史将如何改写。相关哲学讨论参见 David Lewis, *Counterfactuals*, Oxford: Blackwell, 1973。
[2] 陈嘉映:《简明语言哲学》,北京:中国人民大学出版社,2013年,第244页。

为二者间的因果较严格，[1]"跳起又落下"无法被视作两件不同的事。历史学划分事件起止的标准正是因果不严格性。以世界大战的爆发为例，德国的第一要务是避免东西两线作战，正如二战前夜的《苏德互不侵犯条约》解除了这一焦虑，纵容纳粹放手去打，而一战前夜的沙俄总动员触发了这一焦虑，刺激德皇立即开打。[2] 如果一战的开端是德国的宣战，两天前沙皇的总动员令就是关键原因之一；然而正因为俄国的总动员太关键，对德军总参谋部而言已构成战争不可避免、西进刻不容缓的信号，我们又如何将它和战争的爆发视作两件事呢？"爆发"（outbreak）之隐喻令人误以为开战是个瞬间行为，但它其实是个过程。因此历史学家不满足于将沙俄的总动员视作一战的原因，而将其诸原因追溯至更早，诸如法俄同盟与施里芬计划、英德海军竞赛（修昔底德会将其抽象成更一般的原则）、奥匈帝国的民族问题、萨拉热窝枪击事件和一系列的外交失误。

这些原因又能被分析为更细致的层面，其中不乏私人心

---

[1] 罗素指出：一切非孤立系统中的因果都不绝对严格，因为无法排除被外界干扰的可能性。"跳起导致落下"的因果关系也不绝对严格，因为必须考虑"腾空期间没有外星人把我劫离地球"等"原因"。
[2] 施里芬计划的要旨是通过时间差，把一场双线战争化为两场单线战争：德国难以同时对抗法、俄，而俄国广袤的国土和落后的交通既让德军无法速胜，也迟滞了俄军的动员，唯一的胜机便是抢在庞大而缓慢的俄军大举进攻之前击败法军，再东转挡住俄军。因此俄国的总动员意味着时间每流逝一分钟，德军若不立即动员西进，情势都会更加危险。

理因素：例如威廉二世的私人性格是外交危机的重要成因，而毛奇的偏执和脆弱使他迷信作战计划中的铁路时间表不可更改。私人性格的历史影响可叙述而不可分析，却仍是历史学这门无所不包的技艺的一部分；凡重视结构因素、轻视私人性格的历史学，皆有从过去之事中抓取确定因素，并以定向可控的方式改造未来的意图。

一件事越是无法从另一些事中推出，越是偏离既有的权力或知识塑造的预期，就越能被称为事件（event）；然而世界上不存在绝对事件（奇迹），凡事或多或少都可溯因。只有凭借因果链的不严格性，才能将一件事区别于另一件；历史学关心的不是事件内部的严格因果（扣动扳机必导致子弹射出），而是诸事之间的不严格因果（枪击事件本不必然导致外交危机）。"一战是否不可避免？"不是一个有意义的问题，真问题是"从何时起，一战不可避免了？"。沙皇的总动员令启动了德国的战争时间表，这只是一连串交互影响的因果网络中较机械的部分；正是这种机械性令霍尔韦格、毛奇都曾陷入决定论的悲观，并成就了自我实现的预言。然而真正令历史学家感兴趣的，是"动员即战争"[1]的行为预期推

---

[1] 1892 年法俄缔结同盟时，俄方代表指出现代技术已使战争原因（*casus belli*）之关键不在于谁先开枪，而在于谁先动员："动员不再可被视作和平行为，相反，它是最决定性的战争行为。"Henry Kissinger, *Diplomacy*, New York: Simon & Schuster, 1994. p.202.

理链何以形成？其原因之一涉及当时的铁路技术和军事学说中的攻势崇拜（cult of the offensive），它使得1914年前夕欧洲列强的作战计划皆是进攻计划，造成了外交信任危机。然而当时的军界为何迷信进攻、士气、先发制人呢？其原因又牵涉到文化史：法国军界的攻势崇拜与当时流行的柏格森式"生命冲力"（élan vital）神秘主义相关。

我们习惯于将"因果"想象为事件之间的关联，然而引发**世界大战**的最重要条件却是一连串相互勾连的行为预期推理链；只有当事件（萨拉热窝的一起街头枪杀）被置于该行为预期推理链，它才可能触动庞大的权力构造引发剧变；否则"帝国"或"王储"等词都无意义，而枪杀甚至无所谓违"法"。该权力构造结成后，任何事件只要触发了信任危机就很难在紧迫的时间内通过外交解除，外交一旦失败就意味着德、法、俄大战，且战争剧本总会以德军进攻比利时为开端。相比之下，英国参战的因果确定性较弱，然而无论英国政府是否真的重视保卫比利时中立的条约义务或低地国家的独立，都有相当大的动机参战，因为英国既不能容许海权野心昭然若揭的德国取胜，也不能让法、俄撇开英国击败德国。[1]

---

[1] 相当多的人（例如罗素）认为英国本不该参战，这样就可避免世界大战，只会有"第二次普法战争"。该判断能否成立取决于威廉二世时代德国的性质：它虽尚且不是第三帝国，却也已经不是俾斯麦的德国。

如果战争的"爆发"这种传统"事件史"都无法天真地对待因果关系,其他领域就更加复杂。意识形态和性格的相互影响,使二者间的因果顺序常可颠倒,成为鸡生蛋还是蛋生鸡的问题。例如默顿将清教主义与科学革命的关联解释为清教主义助长了严肃性格和物质功利心,因此有益于科学研究。[1] 然而倒果为因的解释同样成立:性格较严肃、物质功利心较强者更倾向于新教。那究竟是宗教改革改变了他们的性格,还是此种性格的人群壮大了清教呢?由于因果顺序无法确定,循环强化的构造比"因果"更适合描述此类现象。

如果在某些情况下历史"因果"能被"构造"取代,一个新问题便是这些构造是否意味着"历史规律"。另一个问题是触发这些庞大构造的导火索,例如萨拉热窝枪击"事件",在何种意义上是"历史偶然"。

---

[1] 罗伯特·默顿:《十七世纪英格兰的科学、技术与社会》,范岱年、吴忠、蒋效东译,北京:商务印书馆,2000年。

九、历史中的偶然与规律

若不考虑微观物理中或存在的概率因素的宏观影响,生活世界中真正的偶然性只存在于意识的每一闪念。[1]意识流文学展示了诸念头之间无逻辑的偶然跳跃,所谓"灵感"正是它的产物。古诗云"文章本天成,妙手偶得之"将其归于"天",古希腊人将诗人的才能归于缪斯,中世纪人将其归于启示,近代思想家将其归于主体的一种能力(faculty)——"创造性想象力"。在现代哲学中,这些以一个大词充当来源的形而上学都被视为空洞,"偶然"的意义仅是否定性的,意味着不可追溯归因、无规律可言。

"偶然"的一个较不严格的用法指意外后果。例如说哥伦布是"偶然"发现美洲的,是因为他想去的其实是亚洲,还低估了地球周长。然而在后世看来,这位误以为向西航行是通往亚洲的捷径的冒险家几乎必然会撞上美洲。人类习惯于将自己未能预料之事归于偶然,但在历史的宏阔视角看来却并不偶然。

"偶然"的第三个意义可见于帕斯卡尔的名言:"克里奥

---

[1] 泛心论猜测二者是一回事,该猜想无法验证,且即便是真的也不取消生活世界与物理世界的区别。而且意识流的念头流转虽无法被归因追溯,却仍可叙述,就像私人性格或"气场"一样,它的可能性也受人的知识背景限制。

帕特拉的鼻子若短了些，整个世界的历史都会为之改变"[1]，其前句是"如此微不足道的事物，却搅动了整个国家、君主、军队、全世界"。只有当"政治"被误解为一个自治的领域，外貌的影响才会被视作偶然；若从家族相似与遗传的观点看，鼻子的长度并非偶然之事。反过来对于人文主义的爱情观而言，罗马与埃及的军事和经济条件被划为外在因素，它们"干涉了"私人生活——凯撒与庞培的生死，安东尼与屋大维的胜败，对克里奥帕特拉来说是否也只是历史偶然？"私人生活"之词义本身也随历史变迁，今人关于公共与私人生活的界限和隐私观念是欧洲人在过去几百年间发明的。政治史或私人生活史专家若倾向于将对方的领域对自己研究的领域的影响视作"偶然"，只能说明专业细分割裂了历史之整体。认为克里奥帕特拉的鼻子"偶然地"改变了整个世界的历史，其实折射出了帕斯卡尔将历史等同于政治史，又将政治史等同于帝王将相史的偏见。

可见此类历史"偶然"其实指的是：原理不同的诸力量共在同一个生活世界，它们交互影响却无确定规律可循。观察外貌和思索政治的原则迥然相异，语境毫无交集，它们分别的作用却相互影响。为了驯服这种"历史偶然"，人类发

---

[1] Blaise Pascal, *Pensées*, trans. A. J. Krailsheimer, Harmondsworth: Penguin, 1995. §162.

明出一些规则，限制了婚姻对政治的影响，同时削弱权力对婚姻的影响。然而原理上相互独立的诸力量在历史中的交叉影响无法完全消除，否则历史就终结了。

澄清了"历史偶然"之后，我们考察其对立面——"历史规律"。人类究竟是发现还是发明规律，究竟是由经验归纳出规律还是将规律加诸经验，皆不可一概而论。人有利己心和预期他人行为的能力皆是普遍规律，但利己心的强弱、行为预期的确定程度与长远程度，却视历史条件而定。将诸基本规律相结合便可推出一系列其他规律，选择其中某些规律组建权力体系，或宣传这些规律使之成为公共知识，则是强化甚至发明了它们。作为史家，修昔底德回溯了伯罗奔尼撒战争的起因（科林斯与科西拉的冲突）；作为政治家，他却说这些事件皆是次要原因，战争的"真正"起因是雅典的崛起和斯巴达的恐惧。他杜撰"米洛斯对话"，是为了精炼扼要地抽象出力量、恐惧与欲望构成的理想模型。修昔底德展示的诸规律令其著作超越时代，长久地唤起霍布斯等政治学家的兴趣。然而从历史的观点看，这些规律既无法涵盖历史全貌，也无法证明其影响是主宰性的。

修昔底德强调的规律可被抽象为：当新生权力的增长威胁到既有权力，既有权力倾向于打压它以维持优势。该规律是将人的利己心与预期能力相结合的推论，它是人类赖以理解历史的非历史前提。然而历史问题常是程度问题：多强的利己心、多确定的可预期危险，才会令人克服其他顾虑，采取敌对行为呢？诸因素的相对影响大小决定了其优先权级序。在解释为何18世纪末革命的资产阶级在19世纪变成了保守的阶级时，马克思也忽略了较"次要"的因素，将"主要"原因凝缩成了类似规律：无产阶级的兴起和资产阶级的恐惧。该规律有诸多变形，女权主义者也可将当今性别矛盾的"主要"原因归结于女性受教育程度的崛起与男权意识形态的恐惧。

强调规律的历史学家常轻视史料。克里斯托弗·希尔笔下的英国革命与马克思笔下的法国革命同构，他在一篇几乎未下任何史料功夫的短文中写道："关于17世纪革命的正统态度是误导性的，因为它不试图穿透表面，轻信革命中的行动者们的表面文章，预设考察人们为之而战的目的的最佳方法，就是听领导者们说他们为何而战。"[1] 既然"物质欲望存在于一切人类社会"是一条规律，只要强调其"较重要"地位，并预设意识形态话语其实都只是在遮掩它"背后的"物欲动机，无论史料证据多么匮乏，马克思主义者总能将克伦威尔镇压平等派的"真正原因"解释成"无产阶级的兴起和资产阶级的恐惧"。

然而在将历史简化至规律时，至少会遇到下列问题：

1　Christopher Hill, *The English Revolution 1640*, London: Lawrence & Wishart, 1955.

首先，该规律的盲点在于它将权力集团视作实在，然而集体认同却是意识形态。即便党同伐异是人类的普遍倾向，还需考虑程度问题：某些人为何尤其热衷于此？或为何选择此种而非彼种党同？一战前的某人优先将自己认同为"德国人"还是"工人"，绝非仅由地缘政治和贫富差距决定，更取决于意识形态话语构造的认同。在民族主义者和共产主义者眼中，"既有权力倾向于打压崛起中的新生权力"指代不同的情势，要求不同的行动，且相互矛盾：认同"德国人"身份的工人会和他的雇主结盟，以赶超旧霸主英国；认同"工人"身份的德国人却更愿意和英国工人结盟，以对抗资产阶级的旧秩序。意识形态认同的成败受制于其他因素，例如传播学规律。安德森的19世纪史命题"印刷资本主义导致民族主义"依赖两条规律：一、机械复制（印刷）技术有利于文本语义的固定和传播；二、相对封闭的文本流通环境（语言隔阂）是形成集体认同的有利条件。这些传播规律帮助民族认同盖过了阶级认同。

其次，任何单一规律都不是事件的**充足理由**。既有优势权力倾向于打压崛起中的新生权力，仅此规律不必然导致战争，因为权力中心的和平更替亦多有先例。然而科西拉人以大战不可避免为理由说服了雅典人与之结盟，马克思说服了无产者们放弃对资产阶级的"幻想"并相信革命不可避免，因此若要解释战争就须加上"人们越相信战争不可避免，就越积极备战,越互不信任,越容易导致战争"这第二条规律。此外,信任危机还受对手的道德信誉影响:旧霸主越有理由相信新势力是仁慈且守信的,对它的预防性压制就会越缓和;旧霸主越有理由相信新势力是残酷或背信的,就越可能采用极端的预止手段。这又是第三条规律。另外,意识形态对立导致政权合法性互斥也是一条规律,它是意识形态外交的成因。然而这四条规律相加仍不足以成为战争的充足理由。在一切博弈方式中,武力最不经济,惨胜常比妥协更坏;如果战争结果是双方按一定比例划定权界,何不一开始就这样做?[1] 因此还需加上"对彼此实力和作战意志的误判会导致战争"这第五条规律。然而以上诸规律又受其他规律制约:相互竞争的权力集团之间,行为意图若过于明晰会在博弈中陷入被动,而过于神秘则会强化他人的猜疑、恐惧而陷于孤立。以此类推,诸规律之网会延伸至历史的方方面面,影响单一事件的规律是复数的。

正因为"修昔底德陷阱"是一条规律,一战之后的旧霸主英国和新势力美国才曾以彼此为假想敌;正因为单一规律皆受历史中的其他因素制约,二战才并未发生于英美之间。

第三,我们无法在研究历史之前先行穷举其规律,因

---

[1] J. Fearon, "Rationalist Explanations for War", in *International Organization*, Vol. 49, No.3 Summer 1995, pp.379-414.

为许多规律正是历史条件变化而生，不是被发现而是被发明的。例如韦伯关于新教伦理有助于资本主义的观点，其实基于"勤俭有助于资本积累"之规律；然而随着市场的发展，"俭朴不利于扩大消费"的规律也会产生。简朴节约有违及时行乐的时间偏好规律，[1]因此以上规律只在具备长远稳定预期的社会中才有意义，有赖于诸多条件。例如现代法律在亿万陌生人之间构造长远行为预期的常见手段是罚款和监禁，即剥夺货币和自由时间；它们是生活的抽象可能性，是人人皆欲望的。预期的确定性是被货币和监狱等制度强化甚至发明的，而货币的前提是数学，在这个不存在两片相同树叶的世界上，数学也是被发明而非被发现的。人类必是先有了"等同"或"类"的概念，然后才可能计数。结绳记事之前只会说"这"和"那"的原始人的人性，不同于发达的"数目字管理"社会中的经济人的人性。

第四，诸规律不仅繁多，还会互相冲突。例如诸经济学说的理想模型（Idealtypus）都能自洽，它们的历史实践却背道而驰。诸经济学模型的"对错"，取决于对当前其他历史条件的综合判断。"不存在所谓历史的常态时期，常态是经济学教科书上的虚构。"经济学家对常态的想象取决于历史想象，例如在一战之后充满怀旧之情的欧洲，他们多以

---

[1] 人在现在与未来的同样享受、痛苦之间，偏好现在享受、推迟痛苦。

19世纪为蓝本想象常态。[1] 古典经济学认为，只要时间足够长远，市场总能自我调节。凯恩斯的反驳"长远地说，我们都死了"，指出的正是经济行为的历史性。在税收与福利政策上，低税收低福利以刺激成功的野心鼓励创业，高税收高福利以消除失败的风险鼓励创业，这两条经济（欲望）规律分别成立却结论相悖；究竟何种程度的税收与福利更能鼓励创业，取决于持"赌徒心态"与"保险心态"者所占人口比例，此类经济规律本质上是社会心理的统计结论。某一学科中的"规律"常只是另一学科的经验结论，一个视角下的研究方法常只是另一视角下的研究对象。赌徒与保险心态并存于每个社会，低税率刺激创业与高福利鼓励创业这两条规律相悖相抵。由此可见：规律一旦成立，即便史料未显示其作用，仍不能说规律不存在，而只能解释为该规律的力量被与之相反的力量盖过了。在认识到作用相反的诸规律之后，判断出其间强弱比例的能力即所谓"历史判断力"。

作为普遍关联的一个整体的历史没有规律，无所不包的历史却包含众多规律。因此当历史整体呈现出规律时，绝非某一条规律之功，而必定有一整套跨越诸方面的、相互配套的诸规律获得了主宰性的影响力。这既能成就稳定的规则，

---

1 Joan Robinson, *Contributions to Modern Economics*, New York: Academic Press, 1978. p.3.

也有僵化（这是个生理隐喻）的危险，其原因可能是长期稳定的规则塑造了人的欲望和心智习惯依赖；或人们对曾经成功的规则的意识形态化崇拜；或即便众人皆知应当改变某种权力结构，却因互不信任导致无人敢迈出第一步，等等。

十、历史重要性与历史编纂中的道德预设

尽管作为整体的历史并无规律，历史编纂却有其原则。要将历史组织成一个整体，就必须对诸事作出权重排序，根据历史重要性安排详略。通过估量某要素在普遍关联的整体中所占权重比例分配稀缺资源，既是现代经济学的特征，也是功利主义道德哲学的特征。然而将历史诸方面视作一个相互关联的整体的意识并非自古就有，而是随着生活世界的普遍关联日益紧密、群体间的区隔日渐削弱诞生于18世纪末。[1]在这一整体的历史意识中，事物的重要性即它在长远的世界

---

1 Reinhart Koselleck, *Futures Past: On the Semantics of Historical Time*, trans. Keith Tribe. New York: Columbia University Press, 2004. p.35.

历史中的重要性。

马克思从"历史科学即唯一科学"出发，必然推出人性即人的历史性，也就是其"一切社会关系的总和"，即个人受到的、发挥的所有影响的总和。然而柯林伍德指出，事件或力量的历史重要性不能仅归结于影响了另一些事物，否则会导致无穷倒退：受影响者的重要性又从何而来？[1] 事物的"历史重要性"即其对**有价值**的人或事的影响大小，它取决于两点：权衡比较诸事物相对价值大小的**道德**尺度，和诸事物对"有价值之事物"的影响大小。只有当前者被确定下来，关于后者的讨论才有意义。只有当道德共识趋于稳定，史学界才可能结成一个为求"事实"分工协作的学术共同体；只有当道德共识变得日用而不知，才会产生"价值中立"的错觉。不仅对具体事物的理解涉及价值体验，对诸多事物的史学编纂也无法摆脱道德判断。接下来我们以德性论和功利论为例，分别展示这两种道德哲学下的"历史重要性"尺度。

德性论者强调历史的教化价值，越是彰显德性的人或事越值得记载；与之相互影响的其他因素都只是背景，其重要性仅在于造就了让人物彰显德性光辉的舞台。德性论认为拿破仑之重要不在于他影响了世界，而在于他以某种格鲁希们所缺乏的德性照亮了世界，令他的敌人们为与他生在同一

---

[1] Collingwood, *The Idea of History*, p.179.

时代而庆幸，令生活和平富足的后人为自己生不逢时而遗憾。持德性论的史学家常持英雄史观，却不必持帝王将相史观；他们会为刺客游侠树碑立传，因为荆轲虽未能达成历史影响，却展现了秦舞阳们匮乏的德性。从德性论的视角看，十二月党人和他们的妻子们的理想和行动的重要性不亚于法国革命和俄国革命。这种史观关注的不是历史中众多的幸福与不幸，而是某一视角下，有死之人展现的价值可能性，[1]其最彻底表达即尼采的话："超人是大地的意义"[2]。

历史学家也是他的时代的产物，世纪末（fin de siècle）的传记家们[3]相信"英雄是现代性的真正主体"，并以纪念碑式的史学回答了历史的价值问题。与虚构文学不同，"史实"证成的不仅是德性在逻辑上的可能性，更是在人类有限的身体和心理条件下的可能性；所谓"人性"的可能性，其实就是"迄今历史"的可能性：尽管确定地描述心理规律（例如定量测量人的恒心）是不可能的，否定性命题（例如人没有无限的恒心）却是迄今历史提供的知识。诗歌将非人的强力

---

[1] 类似的视角常见于艺术史，例如金字塔是建立在无数人的痛苦牺牲之上，艺术史必须记住金字塔的工程难度却忘掉这些牺牲，才会在惊叹其伟大的同时忽视其残酷。

[2] Friedrich Nietzsche, „Zarathustra's Vorrede", KSA 4, S.14.

[3] 包括罗曼·罗兰、斯特凡·茨威格、托马斯·卡莱尔、利顿·斯特莱切、埃米尔·路德维希，他们将自己的浪漫想象投射在了传主的生涯中。狄尔泰曾对传记学推崇备至。

降临于肉体凡躯，人们不会对虚构的无限恒心（例如西西弗斯或佩涅洛佩）信以为真。史学却承诺它所记载之事都曾真实发生，于是先人的壮举鼓舞着困厄中的后人，过去的光芒扫荡了当前的黑暗；人性的奇迹哪怕只在历史中出现过一次，它就已证成了人性的普遍可能性，也就可能再度降临，人类也就能凭借这希望活下去。[1]

然而以上观点有三个缺陷：首先，在史料允许的范围内，德性论史学倾向于以最高可能性解释前人的心理，求真之学问却须以最大可能性揣测之。其次，尽管历史条件与心理倾向之间并无必然联系，特定历史条件却更有利于锤炼特定的德性：神话世界观、游牧经济与口传文化较易培养"坚韧"之德性，科学世界观、工业社会与印刷文化较易培养"严谨"之德性；德性的心力因人而异，有的人勇敢是因为有所爱，有的人勇敢是因为有所恨，有的因为执念深重，有的因为无欲则刚，可见古人或他人能勇敢不代表我也能。[2] 最后，以史实证成德性的可能性，也会将原本无表象的德性限制于具体的表象；例如"勇敢"若仅被理解成战场上的勇敢而忽略了智性真诚与知行合一所需的勇敢就是一种偏见，无数灾

---

[1] Friedrich Nietzsche, „Vom Nutzen und Nachtheil der Historie für das Leben", KSA 1, S.260.
[2] 然而有一种勇敢的可能性超越历史，永远对一切人敞开：常人的勇敢多是克服了"怕"，却有少数人的勇敢，是通过在生命深处直面并相峙于"畏"（Angst）。

难正是因此而生。

经由迄今历史见证过的德性皆"不是不可能的",这不能混淆于信念或成败的可能性。古人能相信神话不代表今人也能,某方法曾经成功不代表它可重复,曾经失败也不代表未来不可能。马克思指出对前人的悲剧的表面模仿会将今人的事业沦为闹剧。[1] 诸如"历史告诉后人……"、"历史证明了……"等理由缺乏说服力,"历史"之名义是空疏的,我们仍须分析历史中的具体诸原因。历史学对生活无任何直接用处,其用处是间接的,是生活的训练场:以拓宽视域、培养德性、熟悉常见模型、反思当前偏见、为其他学科提供案例。历史学家探究真相细节,只是为了让这训练场更逼真些。

与德性论不同,功利主义将事物的历史重要性等同于其影响的剧烈程度、涉及人数、持续时长、次生效应。[2] 以人数为考量标准意味着"一个人只能算一个人"的平等尺度,然而正如英雄史观不一定是帝王将相史学,平等考量众人幸福的史学也不一定以平民阶层为研究重点。功利主义者也认为拿破仑很重要,仅是因为拿破仑影响了很多人的命运;"英

---

[1] Karl Marx, „Der achtzehnte Brumaire des Louis Bonaparte", MEW 8, S.115.
[2] Jeremy Bentham, *An Introduction to the Principles of Morals and Legislation*, Oxford: Clarendon Press, 1823. p.30. 另外,功利主义对"自然权利"或"义务"等依赖历史文化的殊别意识形态持批判态度,可归于长远的功利权衡。对普适性的追求即是对长远自洽性的追求。

雄史观"若只是强调少数人对多数人的幸福与不幸的影响力，其道德哲学就仍是功利主义。历史学无法完全绕开对权力精英的研究（例如陈寅恪对关陇军事贵族，或刘易斯·纳米尔对乔治三世初年的议会），群体传记学（prosopography）仍是一种重要方法。

功利论关心社会群体的幸福与痛苦，并不意味着忽视影响力有限的微小事件，有时透过个例也可能窥见更深层、更真实的构造：它们有无处不在的主宰力，却不为身在其中的人所意识到，仅暴露于某些细节。功利论要求揭示未经意识却影响广泛的前见，而对前见的揭示亦是对其他可能性的揭示。道德一视同仁地评价真实发生的事与本可能发生的事，揭示其他可能性即意味着批判地对待现实。

道德哲学是对诸价值的优先排序，它与理解诸价值体验的解释学是两回事，对历史中诸价值的理解是对诸生活形式的理解。德性论聚焦于生活中的某些事件或瞬间，功利论则更全面地关注生活的方方面面。制度史、经济史、技术史等诸力量的历史归根结底是诸力量对生活的影响史。对任何力量与影响的历史研究都必然潜在地内含了"生活史"视角，例如：经济史研究黑死病带来的经济结构转变，该转变值得研究是因为它影响了此后的农民生存状况；社会史研究一战对战后欧洲社会结构的深远改变，它们值得研究是因为影响了所有阶层的生活。生活史除了研究这些生存状况的历史转变，还研究黑死病时代的病痛、恐惧和慰藉，以及佛兰德斯战场上的死亡与悲悼，不是因为他们改变了未来，而是因为上千万人的生死本身就是最重大之事。

因此生活史与诸力量的历史的区别在于它研究的不是施加影响的力量，而是人类承受影响的状态；改变历史的力量可以是天灾，承受影响的却必须是人。希罗多德称历史学旨在记载"人类的功业"是行动者的视角；庞贝城的毁灭并非人力所致，生活史却要重构庞贝人迎向死亡的姿态，这是承受者的视角。生活史的视角不忽略夭折的孩童，即便他们尚未产生历史影响就已死去，只有在此视角下"平等"的道德尺度才有意义。"生活"是一无所不包的概念，大萧条等重大历史事件也是生活的一部分，但生活史的视角首先关心它们对生、老、病、死、爱、憎、希望与恐惧的影响，而非国家的兴亡。理解人在这些方面遭受的影响是理解重大事件的必要前提，不仅因为某一方面的经济"压力"会传递到经济生活的每一方面，也因为某一方面的逆境在人心中产生的绝望，可能导致原则上不相干的其他方面的虚无或疯狂。

生活史的另一特征是它的时间观：诸力量的历史时间皆是人类共在的世界公共时间，生活史的时间却是个人在历史中的生命历程。该视角下的时代分期将回忆中的"昨日的世界"既区别于"今日"，也区别于古老、陌生而隔阂的"前天"——它仅以被发明的面目还魂于今。在涉及重大事件时，生活史聚焦于一个个生命的相关希望、经历与回忆。政治史将柏林墙置于冷战情境下理解；生活史却将墙的树立与倒塌写进战后一代东德人的青年、中年和老年。生命的成长与衰老是人类赖以理解生活世界的普遍构造，而柏林墙只是历史中的一个对象。历史学既是社会"科学"也是人文学科：历史是对技术、法律、世界观、意识形态、地理条件等诸因素的综合，它们既是牵动亿万人行为的线索，亦是生命施展其可能性的舞台。现代诸知识可谓百家众技，各有所长，时有所用，却难免道术为天下裂。历史学须做到致广大而尽精微，既要洞悉横贯人类生活的种种结构性力量，也不能淡忘康德逝世前不久曾说到的"对人性的感觉"（das Gefühl für Humanität）。

总结

建立在"体验"、"重演"、"共通感"等词汇上的历史解释学看似揭示了"认识能力"的心理机能，仿佛一举概括了历史诸方面赖以被理解的共性原则。然而这些词汇外在于历史，它们是现代生活的哲学家们为了批判形而上学并与自然科学划清界限[1]而搭建的解释学体系轮廓，并非理解生活世界中的诸意义的具体方法。历史哲学不能仅停留在历史之外谈论如何"认识"历史，而须通过展示生活世界中的些许一般构造，来展示我们赖以理解历史的一些较坚实的前设，及其在诸历史情境下的诸作用。

由于生活世界的普遍关联，历史是一个单数的整体；然而在人有限的视域中，历史学只能是复数的诸方面。历史学不是对诸方面的逐一分析，而是对其间相互作用导致的万千变化的综合理解，它是一切交叉学科中的最交叉者。每一门具体学科都是一个视角，它们发现或发明的规则综合作用于历史整体；唯独历史学没有自己的视角，历史学的视角是诸学科瞥向与之相关的其他方面的余光。将历史分析为诸面是为了选择展示其中某些构造，即便是政治学中的"预期"或经济学中的"稀缺"等普遍范畴，其具体作用形式亦取决于历史其他方面的条件。历史中有规律，但每一规律皆受其他规律限制，诸规律之间也会相互冲突；因此试图发掘社会规律以改造未来的思想，亦须求周全、忌专横。人们常将历史比作河流，维特根斯坦将我们赖以理解生活世界的语法命题

---

[1] Wilhelm Dilthey, *Introduction to the Human Sciences*, trans. Michael Neville, Princeton: Princeton University Press, 1989. pp.136-160.

比喻成河床；然而他清醒地指出，河床也不一定就永恒不变。[1]

历史中包括了诸学科的诸原则，它们构成了历史研究的原则；这使得历史学的诸方法与诸对象同样浩瀚无尽，因此对诸方法的反思同样只可能是有选择的。历史学不能完全还原为社会科学的规律与结构研究，它无法放弃人文的一面，后者是可叙述却不可分析的私人或偶然因素。本文讨论的问题仍是依凭相关思想史的崎岖话语构筑起来的，因此是一篇运用新方法澄清旧问题的文章，所举案例皆为展示我们赖以理解和编写历史的些许规则。然而对于思维真正清晰的历史学家（以及寄身于历史河流中的人）而言，本文所展示的道理早已寓于他每日的操练之中了。历史学没有任何直接用处，它是德性与智识的训练场，最终是为了让经受过训练的人们，更好地投身于正在进行的历史。雅克·巴尔赞曾提及一句话："教养是你忘掉一切刻意学习过的东西后的所剩之物"，一个在这一训练中真正成熟的人可以忘掉历史学。

---

[1] Ludwig Wittgenstein, *On Certainty*, trans. Denis Paul & G. E. M. Anscombe. Oxford: Blackwell, 1969. §95-99.

机器能思想吗?

技术时代的逻辑与直觉

一、机器人现象

机器的现象已越来越近似于人。笛卡尔在《谈谈方法》（1637）中曾断言即便机器能够输出语词，也无法"改变语词的排列，以恰当地应对人们对它说的所有不同的话"，[1] 四百年后这一技术复杂程度上的困难即将被克服。阿兰·图灵在《计算机器与智能》（1950）中承认人工智能模仿的是人类的输出结果而非思维过程，并认为我们无须理解意识的原理，同样能模仿智能的输出结果。图灵知道人们会以各种刁钻的测试考验机器，例如写诗。然而他指出这也只是技术复杂程度上的问题：只要机器足够复杂，写出些马马虎虎的诗，或如诗学外行那样对诗歌发表些粗浅见解并非难事。[2] 若要写出伟大杰作才算"人"，才算是在"思想"，那么绝大

---

[1] Rene Descartes, *Discourse on Method and Meditations*, trans. Elizabeth Haldane & G. R. T. Ross. New York: Dover Publications, 2003. p.38.
[2] Alan Turing, "Computing Machinery and Intelligence". *Mind* 49, 1950: pp.433-460.

多数人类其实也没有思想，与机器无异。同理，任何试图以高难度复杂语言区分机器与人类的企图皆属无效，因为大多数人类亦无此等能力。近代哲学家声称人都有创造性的可能性或"潜能"，然而世界上没有两个完全相同的大脑，我们怎知道某些人写不出伟大诗歌不是由于大脑的物理硬件缺陷呢？以能否写诗判断能否思想的人，不得不面对将"庸人"和机器划为同类的奇怪结论。

图灵并不去证伪"思想"的规律（逻辑）和计算机的机械运动（物理）之间的原则性区别。他将论证责任推给对方：如果我们承认他人也有生命和思想，凭什么说一台通过高强度图灵测试的电脑不是"生命"、不在"思想"？他人与机器的区别究竟何在？解剖学也发现不了"生命"，但我们仍然承认他人有生命；那即便找不到机器的"思想"，为何不能承认它在思想？

对机器思想的一个反驳来自约翰·塞尔的"中文屋"思想实验[1]：假如有一个只会说英语的人被关在屋里，通过中文纸条和屋外一个不会英语的中国人交流，屋内人所能借助的工具只有一本写满了"若收到写有 X 的纸条，在满足 Y 条件下，输出 Z 符号"的庞大《规则书》，不会中文的屋内人

---

[1] John Searle, "Minds, Brains, and Programs". *Behavioral and Brain Sciences*, Vol. 3 Issue 3, 1980: pp.417-457.

可以装作和屋外人交流。只要《规则书》的规模足够大，就能在有限时间内营造出屋内人懂中文的幻觉。[1]塞尔认为：中文屋的运作方式等效于机器，屋内人其实不懂中文，所以机器其实并不思想。然而该思想实验有一漏洞：屋内人不懂中文，并不意味着中文屋之"整体"不懂中文。中文屋输出中文的规则不来自屋内人，而来自《规则书》，屋内人只相当于《规则书》的扫描仪和机械臂。于是老问题又绕回来了：假如将《规则书》视作中文屋这个物理整体的运行方式的宏观描述，即所谓"程序"，你怎么知道这个物理整体不会思维？

无论图灵对自己观点的防御，还是塞尔的中文屋思想实验的失败，都说明我们无法基于对现象的直观证明机器不能思想。论证机器不能思想的唯一方法，是清晰地在机器和人类之间作出某种原则性区分，既不把人类中的智力残障者混淆为机器，也不把机器中的顶尖者误判为人类。可见该标准不能建立在外在现象上，我们必须承认机器可以在现象上完全模仿人，然后对二者作出原理上的区分。[2]

---

[1] 这并不意味着它能在无限长的时间和无限广的话语可能性上不露破绽，这要求《规则书》容量无限大。
[2] 值得一提的是该论题的不对称性：关于机器能否思想的讨论，一直是关于机器不能思想的立论，和对这些立论的反驳。然而反驳了机器不能思想的立论，不代表证明了机器能思想。

二、人工与自然

图灵认为,既然我们仅凭外在现象无法区别他人与机器,在"是否思想"的问题上就应当一视同仁:要么将他人视为机器(唯我论),要么将机器视为他人。然而二者区别在于机器是"人工"的而他人不是,因此对"人工"之概念的分析是反驳图灵的唯一可能性。最基础的问题尚未澄清:当我们说"人工智能"时究竟在说什么?在使用概念之前须先澄清它的界限。

世界上每一对夫妇都知道如何"造人",但我们不会把他们"造"的人称作"人工"智能;假如把一个人的手臂换成机械臂,甚至将他除大脑外的全部身体都换成机械,我们也不会称其为人工智能;继续设想我们从干细胞中培养出了一个大脑或大脑的一部分,并实现了人的思维功能,我们仍不会将它叫作"人工智能",相反,我们必须承认它就是一个人。因为只要智能仍是"自然发育"而来,只要我们未能将思维完全还原为对脑物理运动的描述,未能在某语境下的某语义和特定某种脑物理装置运动之间建立严格对应,它的运作原理就仍不是"人工"的,而是未解的"自然"之谜。哪怕几千年后,人类以原子级精度复刻了一颗大脑并实现了智能,它也不能算是人工智能而必须被承认为人,因为它仍是对人类智能的呆板抄袭,其运作原理仍是未知的、神秘的,并非出自人的**设计**。因此"人工"智能不能包括仅具备操作性却无法对其运作原理作彻底的物理还原的黑箱,否则它的**智能部分**就不是人工的,无法从原则上被区别于"人"。只要机器的智能部分并非人工,哪怕所有辅助部分(例如能量供给装置)都是人工的,也不能算人工智能。人工智能必须基于人类已知、确定的物理原理(例如用电路搭建起来)。

由此可知"人工"的对立面其实是"自然"。然而"自然"一词却充满歧义,远不仅"非人工"这一层含义;它在"自然科学"语境下还被理解为物理上有规律的,与"超自然"的奇迹相对立,自然事物也都被理解成可人工制造、待技术改造或可接入技术世界的。只要"自然"是物理的,它就不仅不与"人工"对立,而且凡是自然(物理)的,从原则上说皆可人工制作。在"非人工"这层意义上,所有的锤子都是"人工锤子",因此不是自然的;在"物理的"这层意义上,锤子却都是自然的,而非超自然的。人工的锤子即是自然(物理)的锤子,人工的电路也是自然(物理)的电路,然而人工智能却不是自然智能,因为人类目前尚不能物理地描述自然智能。凡是相信科技进步最终能让机器思想的人,必须相信人类最终能够以纯物理语言描述智能,否则在涉及智能之事上,"自然"和"人工"之间的界限就无法消除。

将"自然"理解为物理的用法诞生于近代,例如牛顿的《自然哲学之数学原理》中的"自然"即是如此;然而"大自然"同时又生机盎然，卡尔·林奈的生物分类学作品《自然系统》就是这样。"自然科学"自近代起就是物理学、生物学等诸学科的统称，然而该统称只是历史的遗物，从哲学上看是冗余的。这是因为"自然科学"之统一仅要求诸学科不矛盾，现代诸科学不再承诺知识（scientia / Wissenschaft）整体的连贯同一；然而仅要求彼此不矛盾等于没有要求，因为一切知识都必须不矛盾；不仅物理学与生物学不可矛盾，它们与逻辑学、历史学的关系也如此。物理学和生物学的语言不同，分别关涉物理世界和生活世界：前者关乎力、质量、时空、场、粒子，后者关乎生命、组织、功能、意图。生物语言无法被还原为物理语言，"生命"在物理学语境下并无意义：伽利略若从斜塔上跳下来，物理学也只关心他是否和铁球同时落地，不会关心他的"生"与"死"；尽管生物学判定死、活的标准，绝不会与物理学相矛盾（活力论的错误正是因为违背物理学），甚至可能借助电物理手段。

然而要说明机器能"思想"，就得说明仅靠物理原理设计并制造的机器能"思想"，这要求仅以物理语言描述生物学语境下才有意义的概念。有人认为意识就是神经运动，而神经运动是物理的，因此意识也是物理的。此处暂不讨论意识能否还原为神经运动。首先应当指出，当人们说"神经"时必然已经指某个生命的神经，必然先有了"生命"概念，在此语境下将该物体理解为"生命"中实现某种"功能"的

"组织",才会把它叫作"神经"。倘若没有预设神经是"生命"的一部分，它就只是传递电脉冲的电线。"身体由细胞构成"和"一堆原子由很多原子构成"语境不同，细胞是一个生物学概念而原子不是，我们须用"一堆原子"指代被拟人修辞为"计算"机或电"脑"的物，以消去隐喻构造出来的幻觉。中文里的电"脑"是一个拟人修辞,英语中的"computer"（计算机）亦是如此。"计算"是人的活动，"计算机"这个名词默认了该电路在做"计算"并将其比喻为人。最严谨、最不会错的消除了隐喻的语言应当就叫它"机器"或"电路"。

支持人类与机器并无本质差别的观点认为：人类迄今未能将思想还原为物理运动，不代表以后不能。若要反驳该观点就必须论证：人类永远不可能将语言及其规律还原为物理学的**确定**规律，而机器必然依靠**确定**规律来设计。这意味着未来机器是否可能"思想"，取决于一个古老的哲学问题："人"是否仅是机器？这里的"人"指的不是他人,而是"我"。图灵质疑他人心灵与机器智能区别何在，然而他人心灵与人工智能是两个不同的问题：纵然他人皆无心灵，"我"仍有第一人称体验。人工智能问题最终关心的是"我思"与物理运动的区别，而非"他心"与物理运动的区别。那么问题就是："我"是否仅是机器？

三、物理语言与"生命"

本节接着讨论一个基础问题：仅靠物理概念能否定义生命。如果我们能仅靠物理概念定义生命，也就有可能在无视工艺难度的前提下，仅凭物理定律制造它。只有这个问题得到充分讨论之后，我们才能进入下一个论证环节。

物理主义者质疑生物学和物理学之间的区分，并将任何区分二者的观点斥为活力论（vitalism）。活力论的错误在于它未能意识到：对生理组织和物理构造的两种描述之间的区别仅是语境上的，前者仅是后者的功能模块化重述。还原主义完全适用于毫无意识却被承认为"生物"者（例如菌类、植物和单细胞动物）：它们之所以被承认为生命，仅是因为人的意识将这一堆物质把握为了一个整体对象；如果单细胞生物仅是一台无意识的精密微缩机械，其"生命"就只是观察者的幻觉。生物学承认却不定义生命，不回答线粒体究竟是与细胞共生的原核生物还是只是一个细胞器这样的问题，因为它就像冥王星算不算行星、多大的天体算行星一样，是被强行界定的。然而有内在体验的高级动物（例如"我"这个人类）比非生命物质多出了"意识"，则必须被视作生命。简言之：无意识低等生物的"整体性"是被有意识的高等生物的直觉构建的，而有意识的高等生物的"整体性"则是一个直接现实。

物理学家曾试图用纯物理概念定义"生命"，例如薛定谔在《生命是什么》中试图以一个"可测量的物理量：熵"为生命和非生命划界。[1]然而他有两点疏漏：首先，若将两个人的身体视作物理上的整体，该物理整体也产生负熵，但若认为此二人是同一生命的两个部分是荒唐的。其次，薛定谔指出物理规律最终皆是统计层面的，他承认非生命的物理构造在机缘巧合的一瞬也可能产生负熵：一只静止的钟摆，理论上仍有极小概率因相当比例的粒子同时向同一方向运动而产生的"布朗运动大发作"将无序的热能转化成有序的动能，自行摆动起来。但我们不会说这条钟摆一瞬间"生"了又"死"了。薛定谔认为"生命"产生负熵以抵消熵增的结构必须"可持续"，然而所谓持存"一定时间长度"亦是以人类迄今所知的生物寿命为尺度的；单纯从物理学的观点看，一百年和一微秒之间没有质的区别。

以熵定义生命的关键就在"内／外"之别：内部以负熵抗衡熵增的活动总是伴随着外部的更大熵增。然而"内／外"区别不是物理的，而是直觉将"生命"及其执行"功能"的"组织"视作整体的结果。物理学中没有整体，只有一个个粒子；严格地说，物理学中的唯一整体是"整个宇宙"，尽管它无法作为研究对象。还原论科学对于将哪一团物质划为一个对

---

[1] 埃尔温·薛定谔：《生命是什么》，罗来欧、罗辽复译，长沙：湖南科学技术出版社，2003年，第70页。

象是任意的，而生物学这样的整体主义学科的"内/外"区别基于对生命整体的直观。由于还原论方法无涉生命在时空中的同一性，物理语言无法定义生命。若不预先直觉地领会了什么是"生命"，仅凭物理定律无法推出为何连体婴儿是两条生命而非同一堆原子，孕妇腹中的胎儿究竟在哪一瞬间算是一条"命"，拥有上万亿细胞的人体为何不是万亿个单细胞生命（或万亿堆原子）而是一个生命，下一秒钟的我为何还是我直到"死"，为何"死"之标准不是"身上"每个细胞都停止代谢，皮肤表层的哪些物质算"身体"、哪些不算。物理语言无关同一性，非生命之物的同一性亦无法被物理地理解。例如忒休斯之船的悖论，就是由于生活世界的视角与物理视角的错位而起。一艘边航行边自我维修的船，当船上所有原子都被替换，它在物理上就不再是起初的那艘船了，在生活世界中却仍是同一艘。

有观点认为，物理学不必以粒子为研究对象，可以研究"结构"，并以迄今发现且被承认为"生命"之物的某些物理结构共性（如核酸）归纳出"生命"的定义。然而只有先以直觉判断了"生命"和"非生命"，才可能归纳"生命"的物理共性，这只能归纳出迄今被直觉判断为"生命"的存在的必要物理条件，既无法排除迥异的生命形式存在的可能性，也无法排除非生命物质也符合该共性的可能性。现代医学借助脑电波、心电图等物理手段划分生与死，但它们却无法定义生命；产生电波或许是迄今已知生命的共性之一，这并不意味着生命**就是**能持续产生电波之物（例如发电机）。生物学不是一门基础理论学科，而是将物理和化学方法应用于研究"生命"这个直觉整体的学科；生物学的对象是由直觉整体地给予的，其方法却是由还原论学科提供的。生物物理学（biophysics）是一门工程学层面的交叉学科，物理学只提供生物学的技术手段。

四、逻辑与物理

将人的智能类比为遵循形式规则操控物理符号的机器，是将大脑类比成硬件，将心灵比喻成软件。[1] 然而机器上"安装"的"软件"仍须通过物理上改动硬件来存储和执行，所以最终机器仍只有物理硬件，所谓"软件"并非实在。该类比认为"心灵"中"语义"运行的本质是大脑在"操控"物

---

[1] 该类比的世界观前提是霍布斯式的机械论。基于现代哲学的反驳参见 Hubert Dreyfus, *What Computers Still Can't Do: A Critique of Artificial Reason*. Cambridge, MA: The MIT Press, 1992。

理小件（token）。这种"操控"若无意向性，则导向物理还原主义；若有意向性，就等同于预设了一个寄居脑中的"小人"（homunculus）在"驾驶"着我的躯壳，而此"小人"的意识又需以更小的"小人"来解释，陷入无穷倒退。

一种避开无穷倒退的企图，是认为高级的智能由众多拥有较低意识的"部分"组成。关于诸脑区的诸功能的研究看似支持了这一论点。该观点基于如下的心灵哲学：关于智能与其物理基础之间的关联的"困难问题"（hard problem）可被拆分为多个较小问题（问题被拆分了，就仿佛简单了）；有语言的高级意识，即智能，是由较低级的"部分"相加而成的；不同脑区的功能各有侧重，具备一定"程度"的独立性。然而该假说至少面临两个困难：首先，高级的"有语言的"智能不同于低级的"有意向的"意识。仅有意向性的"这一个"意识体验仍没有语言，那么无语言的意识究竟是如何"统合"成有语言的智能的？语言将意识体验概念化并相互关联，因此语言的诞生是比意识的突现更难的问题。其次，该假说认为研究一个神经元是生物学，研究多个神经元就是心灵哲学了，它坚持物理主义却反对还原论，无法解释最低级意向性究竟如何"产生于"物理运动。由于意识最弱的部分也不是物理的，该假设仍须以功能现象与物理原理之间的视角切换

(redescription)取代单一、物理的分析视角。[1] 稍后我将说明：将心物问题凸显为现象意识（phenomenal consciousness）的"困难问题"，并没有让其他"简单问题"真的简单。

因此，无论是将脑比喻成硬件、心灵比喻成软件，还是将脑物理活动比喻成脑中有意向性的"小人"或多个"部分"的设想，最终都无法解决物理还原主义遭遇的难题。

有人以此反驳物理还原论：语义的规律是逻辑，若将语义还原为大脑的物理构造，由于世界上不存在完全相同的大脑，则会导致不存在完全相同的逻辑，或每个大脑的逻辑都有细微差别；然而不普遍的逻辑根本不是逻辑，也就取消了逻辑，这是荒谬的。可是以上反驳并不成功：世上也不存在两块物理上完全相同的集成电路，只要对误差不敏感，略有不同的集成电路就能运行相同的程序；同理，构造略有不同的人脑，当然也能运行同样的逻辑。

机械的确能模拟逻辑中的"与、或、非"等形式关系，所谓"逻辑门电路"正是这样一种机械，其输出结果是否正确，取决于电路是否有故障："逻辑错误"的本质是物理故障。然而人的逻辑错误却并非"逻辑机械"故障的结果。思想推理的"过程"不可能违背逻辑。人的"逻辑错误"只是思想

---

[1] John Haugeland, *Artificial Intelligence: The Very Idea*. Cambridge, MA: The MIT Press, 1989. pp.113-118, 84.

对象的混淆，而非我们赖以思维诸对象的逻辑"运行错了"。当人们指出他人的"逻辑错误"时，总是指出对方看错了符号，或误将一个对象混淆为另一个；被指出"逻辑错误"的人一旦意识到了这些对象上的混淆，立刻就能正确地思维。三段论是典型的逻辑规则，以偏概全是典型的逻辑谬误；然而该谬误的本质不是犯错者的思维规则脱离了三段论，而是误将思维对象从个例偷换成了全体。以偏概全是人们在不熟悉的领域中选错了思维对象而产生的，在人们最熟悉的领域，三段论是日用而不知的。矛盾也是常见的逻辑错误，例如甲刚说乙好，又说乙坏，该矛盾只说明甲认为乙的好、坏**方面**不同，而不能说明甲的思维是非逻辑的。逻辑是思维的**被动**规则，所谓"逻辑错误"其实是**主动**选择思维对象这一环节的错误，而非关于给定对象的思维脱离了逻辑。凡是清晰地表述了逻辑错误的字符串，皆无法被思维。

因此那种认为逻辑是思维的"应然"规律、心理是思维的"实然"规律的观点是谬误。逻辑是思维的规律，人无法直接地违背逻辑。心理因素会诱使我们不自觉地偷换对象。人类强调形式逻辑，不是为了"令"逻辑成为思维的规律（它本来就已是），而是用形式化的语言，保证在从头到尾的推论过程中的意义一贯性。只要在思考复杂事物时紧盯每一概念的意义，细察所有的前设（尽管命题的隐藏前设众多，往往无法穷举），作为思维之规律的逻辑就必然能保证最终结论与最初前提同一。相反,心理因素常常偷换概念,从荒谬的前提中推出看似合理的结论,抑或相反。

大卫·查莫斯(David Chalmers)问道:意识体验是非结构的,而物理学是结构的,跨越二者间的鸿沟何以可能?然而只有低等动物的最初级意识才是非结构的,因此这还算不上最难的问题。[1]物理主义者仍可以主张:非结构的意识是"软"的,可以被"硬"的物理结构**任意**塑造。物理主义者面临的更难问题是:语言不是非结构的,而须遵循一套独立于物理定律的逻辑结构,且逻辑规则比任何物理结构都更"硬"。

逻辑不可蚀损,而它的物理模仿品,即逻辑门装置,却是可蚀损的。后者只是在**人**看来显示了逻辑,电路本身并不比算盘或纸上的竖式计算墨迹更智能。人的大脑也是可朽的,假设逻辑取决于脑部物理装置(逻辑门)的构造,则不存在逻辑上有效和无效的推论的区别,而只有物理构造的不同。当我们将机械运作描述为运行"逻辑"或处理"信息",就已经将其输出结果比喻成了"语言"。"逻辑门"(logic

---

[1] 查莫斯坚持将现象意识(phenomenal consciousness)区分于其他更结构化意识,强调困难问题之核心。关于现象意识能否被单独区分的争论与本文并无直接关系。本文讨论的是智能,而不仅是意识,智能的结构中还包含逻辑。换句话说:从反心理主义的逻辑学角度看,无论查莫斯还是反对他的物理主义者都是心理主义的,都忽视了智能中非心理、非人类学的逻辑方面。在被查莫斯视作"简单问题"的信息综合与推理的过程中,反而包含了最困难的问题,即语言的逻辑规则与物质的物理规律间的双向不可还原、不可取消。

gate）也是一个隐喻，和电"脑"这个隐喻一样诱使我们不知不觉间虚假地跨越了心物两界。若要剔除隐喻对事物的基本原理的遮蔽，就不该使用"逻辑门"这个词汇，而只能说二极管、三极管或将它统称为"物理机械"。

逻辑不仅包括且、或、非、三段论、矛盾律等命题之间的形式关系。广义的逻辑还包括世界的基础构造。例如"长度三公斤"是一串无意义字符，因为它不是经验上而是逻辑上错误的。然而机器运作的规律是物理的，物理运动没有意义，也无所谓对错：一台输出"长度三公斤"之字符**图案**的图灵机并不比输出"长度三米"之**图案**的图灵机更"错"。逻辑谬误违背逻辑规则，物理故障不违背物理定律。逻辑是语言的规则，具备机器所不具备的不可蚀损性；其中包含了世界的逻辑构造，它将"长度三公斤"这样的表达判为无意义。

语言关涉世界的逻辑构造，且这不是因为人类的"语言程序"被"编"成这样。有人会认为：只要把机器的物理构造设计得合乎人类语言的逻辑，例如令"公斤"与"长度"这两个输出结果在某些条件下永不产生某种排列，机器就不会输出"长度三公斤"，我们凭什么说机器没有逻辑？然而既然程序是机器运转的物理结构，也就意味着物理结构也**可能**被设计为输出"不合逻辑"的结果，因为物理运动无所谓对错。若认为语言中的逻辑是被"编"成这样，就已经默认了它可能被"编"成其他样子，也就意味着物理构造截然不同的其他智慧生命（例如外星人）的语言可能有意义地违背三段论，或"长度三公斤"可能有意义，这仍是荒谬的。外星人也无法违背三段论，或用表示轻重的单位来表示长短。因此语言的逻辑不能被类比为机器的物理构造（程序），这是二者间无法跨越的根本区别。"长度三公斤"这个表达的无意义性由宇宙的基本构造决定，谈论一个无质量、无长度的宇宙没有意义。长度的单位不是公斤，这是物理语言的基础语法，机器以物理方式运作，却不理解它。

有人认为"长度"与"质量"或许本是一回事，只是当今物理学尚未发达到揭示这一真相。他们认为：19世纪物理学也曾以为电场与磁场是两种存在，然而20世纪相对论统一了二者，长度和质量或许也能被"更高深"的未来科学统一。另外，日常语言受生理感官的塑造：具备红外眼的外星人能用"亮度"词汇来表示"温度"，因为红外亮度和温度在物理上是一回事，[1]为什么不可能有某种生物能以体验长度（空间）的方式体验质量（引力）呢？然而这两个例子不足以说明世界观的**所有**方面皆可塑。人类以精密科学的语言（而非受限于感官知觉的日常语言）描述了物理宇宙，无法推出日常语言中的所有语义都最终可还原为物理意义。"长度"和"质量"是直接关涉日常体验的物理概念，既不能类

---

[1] Paul Churchland, *Scientific Realism and the Plasticity of Mind*, Cambridge: Cambridge University Press, 1986. pp.11-13.

比为"磁场"等无涉直接体验的物理虚构,也不能类比为"温度"等无涉物理原理的直接体验。磁场之所以能被狭义相对论还原至电场,是因为它仅是某一**历史**范式下的人造概念,其意义会随着范式革命而改变;亮度和温度之所以能被红外眼统一,是因为可见光波长仅是生物演化**史**的产物。然而"长度"和"质量"这两个词无论在物理学还是在日常体验中都占据最基础地位,拥有超越历史的固有意义。

在澄清了这一点后,我们再回到物理主义面临的"困难问题":内在的意识体验是如何伴随外在的物理运动出现的?[1] 第一人称体验的存在,是一个比物理学更坚实的直接现实,"我在"之确定基于"我思"之无疑,该命题具备和"长度不是质量"同等强度的确定性,同属于世界的逻辑构造。第一人称无法被还原为物理的,"困难问题"之所以难,仍是因为我们无法追问世界的构造为何如此。机器可以无所谓对错地输出图案"我思故我在"和"长度三米",也能输出图案"我思我不在"和"长度三公斤",而人只能合逻辑地说出前两者。

---

1 David L. Chalmers, *The Conscious Mind: In Search of a Fundamental Theory*, Oxford: Oxford University Press, 1996. pp.xii-xiii.

五、物理还原主义与条件反射

物理主义（physicalism）至今已有许多流派，本节只讨论物理还原主义，因为只有还原主义具体地主张了意识和语言皆可还原为**何物**（脑神经），只有在此前提下人类才可能通过**确定可知**的物理定律制造人工智能。[1]

物理还原主义认为"语言"只是幻觉，甲乙两"人"相互"交谈"，其实是两堆原子物理互动：甲的声带振动经由空气传播至乙的鼓膜和神经，在乙的脑中发生了某种未知的物理运动并最终导致了乙的声带振动。该世界观取消了语义间的逻辑关联，代之以语音间的关联，其规则皆是脑的"物理结构"；不仅将语言习得还原为反射训练，还预设反射训练仅是基于神经可塑性（neuroplasticity）的纯物理过程。其理论困难在于：反射训练虽能任意地建立声音与概念之间的连接（索绪尔早已说明过其任意性），却无法任意地建

---

[1] 那种仅主张世界上所有意识随附（supervene）于宇宙中所有物理粒子的观点是"最弱物理主义"。丹尼尔·斯托尔亚指出它仅是世界观而无关方法论，既不必然主张一切生物学语言皆可翻译成物理语言，也不必然主张物理因果封闭性，甚至不必然与泛心论相矛盾。这种"最弱"版本的物理主义也不必然与本文矛盾，因为仅主张所有的语言都随附于物理状态，并不违背逻辑规则之于物理规则的独立性，毕竟就连两个独立层面之间的"前定和谐"也是可能的。然而，这种物理主义既非概念逻辑上必然的，亦非科学上可检验的，更无法确定可控地用于工业设计。Daniel Stoljar, "Physicalism", *The Stanford Encyclopedia of Philosophy* (Winter 2017 Edition), Edward N. Zalta (ed.) URL = <https://plato.stanford.edu/archives/win2017/entries/physicalism/>.

立诸概念（在物理还原论中仅是诸声音）之间的联系。假设反射训练的机制是纯物理的，则无异于拉马克式的"用进废退"。物理还原论将"长度"、"公斤"、"长度三公斤"都视作声响，声响之间没有原则上的区别；发出"长度三公斤"这样的声音之所以别扭，仅是因为全人类都在反射训练中被"训练"出了关于这两个声音之间的某些物理构造障碍。

假如每当一只不能理解复杂语义却能发声的鹦鹉，发出"长度三米"的声音就能得到食物，它就会被训练成发出"长度三米"之声波的鹦鹉；若将喂食条件改成"长度三公斤"，它也会被训练成发出"长度三公斤"之声波的鹦鹉。这两只鹦鹉并无区别。如果对人类做同样的事，每说一次"长度三公斤"都给他一笔钱，一些人或许也会说"长度三公斤"。然而不同之处在于人知道这串词汇关联是荒谬的。语义规则不是某种被刺激—反馈的反射训练强化出来的物理构造。我们无法取消语义规则相对于物理规则的独立性。

物理还原论要求将语言习得视作物理的反射训练，而反射关联的任意性则要求语义关联也是任意和不受限制的。物理还原论主张语言是幻觉，却在关于该幻觉的宏观现象上，反而要求（较之萨丕尔—沃尔夫假说更极端的）语言对世界观的决定论：不存在逻辑上的荒谬，人类试图理解"长度三公斤"时的荒谬"感"，只是由于被训练出了某种阻碍"长度"和"公斤"这两串声波在脑部物理构造中以某种顺序相结合的物理"阻塞",而非因为长度和质量在世界构造中本就是两回事,两个词的不相干反映了这两个尺度的原则性区别。世界的构造不是任意的,倘若语义关联是任意的,则语言与世界毫无关联。

然而假如人对"长度"、"质量"等词汇的反应都只是被物理刺激训练、塑造形成的脑部物理结构,"长度三公斤"这个说法并不比"长度三米"更错误,那么这意味着物理主义在取消了语言的同时,也取消了物理学,因为物理学也是有语义的。当我们说某人接受过物理学的**学术训练**时,绝不是在说此人受到过关于"质量"、"长度"等声音的**反射训练**。

六、物理决定论与心物平行论

上文仅通过概念辨析就已说明语义无法还原为确定可控的物理机械,反驳了物理还原主义。本文至此尚未考察物理学史的变迁给身心问题带来的变化。笛卡尔相信自然的相当部分是机械的,却未把机械性推至宇宙的每个角落;他认为动物与机器无异,人类却有"松果体"连接了意识和身体。

这样的世界观基于两个**直觉**：其一是物的机械性，物的运动"显然"有确定的数学规律；其二是心物交互影响，心灵"显然"支配着身体。半个世纪后，牛顿发现了万有引力，并主张了一种更为经济的新范式，以决定论统摄整个宇宙，物的机械性"显然"成为普遍属性，笛卡尔式的松果体遭遇了理论困难：作为一种物质，松果体难道不也须服从物理定律吗？牛顿力学塑造了物理因果封闭（任何物理运动有且仅有物理的原因）的决定论宇宙观，然而语言不是物理的，它何以影响身体，何以能"命令"手臂举起？物理主义者认为这是二元论"无法避免的致命缺陷"[1]。

上一段中的三个"显然"都只是基于人类有限经验的直觉，不具备绝对确定性。在诸命题相互冲突时，取舍的规则是保留确定性较高的，舍弃确定性较低的；确定性的等级即是知识秩序的等级，较不确定的知识总要为较确定的知识让路。无规律的物质运动和不受思想影响的身体皆是反直觉的，也皆是可设想的，因此机械论直觉与心物交互影响的直觉之间的取舍取决于偏见。上文已说明，物理还原论的谬误在于它无视语义的规律（逻辑）。然而逻辑规则独立于物理规律只能证明语言无法还原为物理，并不必然意味着语言能影响身体，后者只是一个直觉。笛卡尔的神秘"松果体"保

---

[1] Daniel Dennett, *Consciousness Explained*, New York: Back Bay Books, 1992. p.35.

留了心物交互影响这一直觉，舍弃了万物的普遍机械性这一直觉。牛顿同时代的斯宾诺莎、莱布尼茨选择保留万物的普遍机械性这一直觉，舍弃了心物交互影响这一直觉，持心物平行论（parallelism）世界观：身心交互作用只是将共时性误认作因果性的幻觉。每当我想举起手臂，"碰巧"物理世界的力的作用也会让手臂举起。心物平行论者要么相信迄今一切身心活动的共时性尽是巧合，下一秒钟就可能分崩离析，要么就得预设神规定了两个平行层面之间的前定和谐。

然而，倘若心物平行论者甘愿相信迄今一切身心活动的共时性皆是"巧合"，那他必然已经准备好相信一切直觉上极端荒谬，仅在逻辑上尚存可能的世界观。主张"一切皆巧合"的怀疑论尽管在逻辑上无法被打败，却在知识上毫无意义。既然心物平行论者已走向休谟式的怀疑论，又何不承认心物交互影响，并反过来主张一切物理规律皆"粗糙"，自然界其实不满足精密、严格的决定论？或干脆否认物理规律的永恒性？人类常出于偏见和心理需要选择世界观：一些捍卫身心交互作用、舍弃物理决定论的人，只是出于捍卫自由意志的道德目的；另一些捍卫精密、严格的决定论并否认身心交互作用的人，只是捍卫科学与进步的乐观精神。

心物平行论的可能性无法被严格地排除。尽管它极为反直觉，但只要物理宇宙满足决定论，且由于语义的逻辑无法还原为物理规律，这种奇怪的世界观竟是唯一的可能性。[1]换句话说，假如爱因斯坦与玻尔之争的最终答案是爱因斯坦正确，微观粒子也受精密、严格的决定论支配，我们就不得不接受心物平行论世界观。只因 20 世纪（迄今的）量子物理学否认了严格决定论，我们才不必接受它。

"物理因果封闭性"在量子物理中被削弱了：微观尺度下被决定的只是概率大小，具体到是否发生却是随机。思维不仅包括逻辑，还包括意向性的选择，例如伍尔夫看见墙上的斑点联想到的事物，它的随机性很强。于是人们仍然能猜想，尽管思维的逻辑规则并不随附于物质，意向性选择的过程必定随附于物质运动，然而微观的物质运动也是随机概率的，又为何不能反过来受意识的影响呢？有人认为，如果语言能影响身体，宏观世界也就不是决定论的了，这不可思议。然而宏观世界也由微观粒子构成，因此本就不是严格决定论的。人类可以通过某些装置放大微观随机概率事件，使之影响宏观世界，例如用原子衰变触发机关毒死一只猫。

然而语言何以影响身体的问题仍然无解。该问题既无法

---

[1] 与平行论类似的是副现象主义（epiphenomenalism），认为物理运动可以影响心灵，而心灵活动影响物理身体却只是幻觉。该世界观同样须基于物理因果封闭性。副现象主义的怪异不仅在于它否认心灵对物质世界的影响，还在于它认为前后两个心灵状态之间的因果关联，无论多么符合思维的规则（逻辑），也都只是前后身体状态变化导致的"神秘巧合"。

靠哲学的概念辨析解答，也不是以物理学为典范的还原论科学问题。严格的（物理还原论）科学不以**具体语义**为对象，无关语义和神经之间的因果关联；神经元控制机械臂早已实现，语言控制机械脑却不可能实现，因为语言不是物质，我们无法将语言从脑中"分离"出来再令它"作用于"机械。我们不得不对"心物交互影响何以可能"之问题保持沉默。理性可以消除既有的诸知识之间的矛盾，却不能编造某种宣言承诺人类一定能穷尽知识。"祛魅"只是韦伯发明的历史社会学概念，其进程是具体的、逐步的，从中并不能推出世界的谜是可穷尽的。

语言／物理的二元论令"人"的"身体"呈现为一个谜。有语言的动物不必然具备有机[1]分子，哲学和物理学皆无法严格地排除金属生命存在的可能性。对地球物种中心主义的这一反驳看似支持了机器智能的可能性，然而问题的关键不在于此，而在于人类的工业**技术**只能制造遵循物理确定规律之物，无法**制造**挣脱了物理确定性的语言。

---

1 "有机"这个形容词本身是 18 世纪活力论的遗留。

七、量子泛心论假说

上一节中我们提到,决定论和身心交互影响是两个相互矛盾的直觉;因此要么认为物理世界在精密微观层面不满足决定论,要么就得承认心物平行论或副现象论。20世纪物理学中的哥本哈根学派不承认严格决定论,由此间接催生了一种试图解释心物交互作用的世界观——"量子意识论"。它认为意识的物质载体是无数亚原子粒子的协同运动,只是不确定原理阻碍了人类探索二者间的隐秘关系。尽管物理学尚未终结,量子理论也可能在未来被推翻;然而物质世界要么满足严格决定论要么不满足,二者必居其一,且只要当前物理学的某些学说否认万物的普遍决定论,就给心物交互影响的直觉留下了空间。每当确定性的边界前拓,神秘主义就会后撤;意识的奥秘曾被笛卡尔撤退至松果体,如今它后撤到了量子中。思想的主语不是人,而是粒子间的协同运动。尽管"随机"并不意味着"自由",却为自由意志保留了可能性的余地:虽然单个亚原子粒子的运动是概率的,众多粒子却可能被某种神秘法则连接,构成了量子—语言。然而这种世界观仍不可避免是神秘主义的。

首先,人远没有无穷多个粒子那么多个不同的意志,且自由意志意味着做选择而非真随机,因此单个粒子运动的随机性无关意识,该假说只能将意识设想成众多粒子的协同作用。量子意识论注定只是一种假设：单个粒子的精确状态是测不准的，量子"协同"作用的规模和形式无从知晓，也无法观测。相信这种注定不可测的神秘法则，无异于相信灵魂存在。

其次，该假设无法确定量子协同作用的规模，即哪些粒子加入了谁的协同作用。上文说到任何企图物理地定义"生命"的理论，都无法解释自我的时间同一性和身体的空间同一性，量子意识论也面临同样的困难。为了避开这一难题，泛心论（panpsychism）世界观被发明出来：宇宙中所有粒子的协同作用即是世界上所有可能的思想的总和，整个宇宙是一部量子交响乐，量子世界即观念世界，所谓"身体"则是观念（量子）世界支配下的提线木偶。哪怕石头中的微观粒子也有思想"潜能"，人异于石头只是因为身体中有某种物理结构将量子协同作用进行了宏观放大。[1]

泛心论将整个宇宙视为神秘的，该世界观中到处都是奇迹也就无所谓奇迹，保障了演化史的连续性。生物演化本质上是DNA分子的突变和选择，而转录、翻译等基因表

---

[1] 因此有科学家去寻找这种物理结构，例如彭罗斯（Roger Penrose）与哈梅罗夫（Stuart Hameroff）认为量子—意识的场所是神经微管，而斯塔普（Henry Stapp）则认为量子—意识活跃于整个大脑甚至更广的空间。此类假说无论真假皆无法证实。因为脑的某个部件中存在量子相干作用是一回事，该量子相干性就是"意识"则是另一回事。前者是一个物理现象，后者却不是一个科学命题。

达过程是机械的，和自动化生产线并无区别。遗传物质的演化是纯机械的，"我"却不是机械的，演化史只是演化出了激发了"我"之心物交互作用潜能的"身体"。[1]机械无论如何演化仍是机械，从中"突现"出"意识"不可思议；尽管"无中生有"仅从逻辑上说是可能的，然而无论物理的还是宗教的世界观，都须承认"万物不可无中生有"，因为"无中生有"并非一种解释，而是放弃任何解释。机械论世界观下的突现论（emergentism）要么主张意识的突现毫无理由，并陷入怀疑论，要么无法克服神秘主义，走向有神论。泛心论则认为宇宙中的粒子本身就有意识属性，免去了突现环节的理论困境。

只要生物演化可还原为遗传物质的演化，且遗传物质的演化又是机械过程，"突现"之一瞬就是神秘的；泛心论的解决方式，却是将这神秘扩散至整个世界；这保障了世界观的普遍、均质，却将万物附魅了。现代心智倾向于相信普遍、均质的世界观，这在相当程度上是受牛顿的影响，该世界观反过来导向了泛心论。韦伯是从社会学角度描述科学逐步清除自然界的神秘的"祛魅"进程的，从哲学上说，"祛魅"即是逐步、渐进地压缩"神秘"的领地，将其

---

[1] 强演化论（物种演化能解释一切生命现象）必然要以强物理主义（物理方法能解释包括意识在内的一切）为逻辑前提。由于后者不成立，前者也不成立。

逼出语言的界限之外的过程。然而由于"困难问题"的存在、思维规则（逻辑）无关物理定律、身心交互影响之神秘无法消除，我们的世界观要么均质且弥漫着神秘（泛心论），要么部分机械、部分神秘并因此不均质（笛卡尔式松果体，或有神论）。均质且毫无神秘的世界观（物理还原主义）是不可能的。另一个反常识的推论是：相比泛心论，将世界的某些部分视作纯机械的演化论观点反而更"需要"预设世界的另一些部分的神秘性，以充当第一人称意识体验何以突现的"困难问题"的答案。机械论看似清晰，其实只是将"困难问题"排挤了出去，然而存而不论不代表它不存在。假如我们只关心终极真理，完全不考虑技术实用，那么在看似最混沌的泛心论与看似最清晰的机械论之间，何者更接近宇宙真理竟是说不清的；[1]只因为工程技术必须划分出"世界的已祛魅部分"并使之确定可控，尚未被祛魅的"困难问题"才成为必须被遗忘的疑难，泛心论才成了一个必须被遗忘的可能性；否则人类迄今的工程技术就不具备绝对确定性，因此心理上也不再有绝对安全感，而只有绝大概率安全感。而物理学也在该问题上暴露出其技术态度，而非无关利害地求真理的态度。

在 20 世纪物理学语境下亚原子粒子的运动是概率的，

---

[1] 正如我们不能粗暴地说古代泛灵论一定比一神教"更原始"。

在量子泛心论语境中它们是精神的,这两个语境虽不矛盾却是错位的,因此该世界观下的亚原子粒子已不再能被称为"物理的"。这种认为物质与精神皆由基本粒子构成的一元论已不能称作物理一元论,而只是改头换面的二元论:它将基本粒子的属性(property)区分成物理的和精神的。[1]

以上段落讨论了量子意识论作为一种世界观的可能性。然而一种世界观可能成立,和它确实成立,和该真理可知,和人类可能凭借它设计工业技术,这四者之间有原则性的区别。即便量子意识论确是宇宙的真相,人类也不可能**设计**出不确定的量子协同作用;工业设计只能利用确定的规律,否则就无所谓设计和制造。即便某台机器中的量子协同作用"觉醒"了,产生了语言(这仅在逻辑上是可能的,正如神的存在也是逻辑上可能的),也不能归功于人类的工业技术,因为人无法**设计**出令不确定的量子"觉醒"的确定性装置。在人的**设计**中,靠不确定原理来摆脱确定性的机器,除了用来输出真随机数之外,不会有其他用途。

然而支持人工智能的一个理由是:人类虽无法设计量

---

[1] Thomas Nagel, *Mortal Questions*, Cambridge: Cambridge University Press, 1979. pp.181-195. 查莫斯也指出量子与意识之间的关系只是可能的,且并不能告诉我们意识是什么,参见 Chalmers, *The Conscious Mind*, p.334. 查莫斯紧接着提到了另一观点,即量子之所以会在被观测时出现波函数坍缩是量子遭遇"意识"的结果。参见 E. P. Wigner, "Remarks on the Mind-Body Question" in *Symmetries and Reflections*, Bloomington: Indiana University Press, 1967. pp.171-184。

子间的协同作用，却能制造激发该作用的装置。我们不必知道一个现象的物理原理，也能够应用它产生某种结果。技术发明早于物理理论的先例比比皆是，在帕斯卡之前早就有了水泵，在焦耳之前也已有了热机，古人从来都是知其然而不知其所以然地作技术实践的。况且科学定律并非现象"背后"的东西，其本质正在于描述了可预测、可重复的现象。既然猴子在打字机前也可能打出莎士比亚全集，那么人类也可能摸索出激活量子意识的可重复手段，将其过程单独列为一条"定律"，尽管它已很难被称为物理定律。古人不知道草药中某些分子的化学反应原理，却能以草药治病。或许直到工程师们造出真智能，科学家们对其原理的猜测仍是荒谬的；正如中医理论对疗效的解释是非科学的，却并不妨碍某些草药具备特定效果。

然而将智能类比为草药并不恰当。中医理论虽不明白草药的原理，其原理却并非永不可知；现代科学能证明凡是确有疗效的草药，必然基于确定可控的物理—化学变化。因此人类能在未有科学之前仅凭经验掌握确定可控的草药实践。智能不基于确定的物理规律，凡基于确定的物理规律之物都只是机器。这意味着认为人类可以"知其然不知其所以然"地制造出人工智能的观点，必须相信人类能够掌握确定、可重复的手段，将物理上遵循不确定原理的亚原子粒子"激活"为智能。这无异于魔法，然而在量子意识论为真（这无法验证）的泛心论世界观下，魔法也并非绝对不可能。假如彭罗斯关于神经微管中的量子意识的猜想（或任何同类的猜想）正确，[1] 我们就能够搭建人造神经微管并激发其中的量子协同作用，制造真智能。尽管即便我们借此方法造出了真智能，也无法确定它是人工的；由于无法证明它出自量子原理，也就无法将它区别于复刻人脑的一部分，人工的魔法也就无法被分辨于自然的神秘了。

八、理性与直觉

本文第四、五两节已说明语言和物理运动之间的原则性区别，反驳了物理还原论；第六、七两节描述了心物平行论、量子泛心论这两种可能的世界观（Weltanschauung），前者舍弃心物交互影响而保留物理决定论，后者舍弃物理决定

---

[1] 由于量子意识论无法被证明，彭罗斯的猜想（以及类似的其他猜想）也不可能被证明。同时，我们也无法通过考察已知"有意识物种"的神经微管中是否有量子相干性来间接证明这一猜想：为了不陷入循环论证，对某物种是否有意识的判断只能是直觉判断，而我们无法凭直觉判断某些低等动物是否有意识。

论而保留心物交互影响，然而二者都无可避免地陷入了神秘。这种神秘性根本上是由第四、五两节阐述的语义逻辑的不可还原性导致：语言的不可还原性注定了一切可能的世界观都是二元的，要么是实体二元论，要么是属性二元论。差别仅在于物理学史上的决定论或量子论给"心物交互作用"留下的逻辑空间大小不同，由此产生了不同的世界观。我们被迫对语言/物理之间的断裂保持沉默。这种沉默源自对所能言说之物的界限自觉，正是这一自觉让哲学从诸世界观的争执中抽身而出。

本文的最后一节将澄清"机器能思想吗"这一困惑（puzzle）的源头。该问题在本时代的争论无关量子意识论的可能性，只关乎确定性物理机器，本文第四、五两节已说明这种机器不可能产生真智能。那么究竟为何人们产生了机器能思想的幻觉呢？该问题已无关物理的或逻辑的原则，只关乎生活世界[1]中的幻觉。

语义的逻辑独立于物理原理，这是**语言**的属性。然而由于"思想"看似是"内在"的，我们对某物是否有"思想"的判断常诉诸整体直觉。即便我们在理智上知道，人类设计的机器运作基于确定的物理规律，不同于语义的逻辑规律，

---

[1] "生活世界"之概念预设了身心交互影响，因此不涉及心物平行论的可能性；它承认主体间性，因此也不涉及"他人皆机器"的唯我论的可能性。

我们仍会在直觉上将机器的物理运动视作语言输出，甚至发明出"计算"机、电"脑"、"逻辑"门等隐喻来强化该幻觉。关于某物是否"思想"或是否有"生命"的判断常诉诸直觉的迅速判断，而非严格的分析。生物学无法为"生命"和非生命划界，一切生物学却必然是关于"生命"的组织与功能的研究。直观强迫我们感觉一个通过图灵测试的机器有"思想"，强迫我们感觉一个会动的逼真人偶有生命，尽管当我们和人偶游戏时，无论多么入戏都不会真的认为它有生命。如果人偶过于逼真会在心理上令人恐怖，然而心理现象不该混淆为理性判断：它其实并无生命。[1]

造成机器有"思想"或"生命"的直觉的另一原因是它相对于有限之人的复杂性。它是数千名工程师分工合作的结果，没有任何人充分了解其中每个部件。因此任何人观看复杂机械之"整体"时，都无法用纯分析的眼光看它。然而设想一位寿命被延长了几千倍的工程师，用几万年时间独自造出一台复杂到通过图灵测试的机器，而且他患有超忆症，对其中每个最小零件都烂熟于心。那么这位工程师就能用纯分

---

[1] 维特根斯坦做过一个思想实验：假如独处的人将人们都想象成"目光呆滞"的自动机，这样的想象很可怕。然而人们若在日常交往中将大街上的孩子想象成自动机，只会觉得该想法没有意义。维特根斯坦认为"我有意识"、"机器不能思维"等命题都不是经验命题，而是语法命题。Ludwig Wittgenstein, *Philosophical Investigation*, trans. G. E. M. Anscombe, P. M. S. Hacker & Joachim Schulte, Wiley-Blackwell, 2009. §418-420, 359-360.

析的眼光看这台机器，不会将它区分为实现"功能"的"模块"，更不会产生"它是生命"、"它有思想"的幻觉。

"机器能否思想"之问题的产生，不在于机器运作的基本原理不明，而在于人的有限性导致人类将远超其分析能力的巨量细节视为"复杂的"，并将复杂机器从整体上直觉地把握为"有思想的"；然而只要机器程序仍可还原为确定的物理规律，时刻谨记这一点的人即便遇到一个长期假扮人类而不露破绽的机器人，理性也会判断它其实不"思想"；我们所直观到的"机器思想"，其实是我们自己的思想而非机器的思想；尽管它唤起我们不可抑制的本能，从整体上共情到它的"生命"和"思想"。技术工程量上的堆砌无法改变它所依赖的基础原理，却能营造出体验；技术时代亦是重体验而轻原则的时代，人们常将某种原则混淆为与之相关的体验。

科学要求超越人的有限性和周遭世界，阐明宇宙的原则与真相；然而对于生活世界中的人而言，其有限性恰是最基本的原则与真相之一。经反思的世界观时常是反直觉的：生活世界中的太阳"东升西落"，但物理科学中并非如此。这并不妨碍我们继续说太阳东升西落，并在谈及天文学时换用物理语言。本文面对的问题更棘手些，因为它涉及价值问题：为了培养仁爱、减少残忍，是否该立法保护通过图灵测试的机器呢？是否应当禁止"虐待"它们，或禁止在孩子面前拆卸它们？植物没有痛觉，龚自珍却认为扭曲的盆景有损于德性教养，虐待看似与人无异的机器岂不更有害？这些价值问题的根源不在机器，而在于人类——亿万年生存竞争幸存者的后代——无法抛弃对"生命现象"的直觉辨认，无法阻止自己将机器辨识为一个生命。或许人类本就不该将机器研发的方向定为全面模仿人类，这并非它擅长之事；机器人不必是人的摹本，因为人类本身亦不完美。

结论

　　机器运作的原理是确定的物理原理，仅靠物理概念却无法构造出生活世界；有限之人的直观是对技术现象的直观，而非对物理原理的直观。这使得我们用来理解生活世界的解释学理性认为机器有思想，而还原主义的技术理性认为它没有思想，导致了矛盾与困惑。机器中的物理运动无所谓对错，而语义的规则是逻辑的而非物理的，其中范畴和概念关联的固有限制不是被"编"出来的，无关生物构造。因为逻辑规则（其中包括物理世界的基础概念的固有意义）无法被任意地编写。

人类设计的机器如果是物理上确定的，它即便完美地通过图灵测试，仍不在"思想"；如果机器以不确定原理运作，则输出结果只会是真随机数。由于量子泛心论猜想即便为真也无法证明，即便未来某台机器中的粒子"觉醒"了，我们也无法确定它是否是人工制造的成果，因为其原理仍与演化史上的"意识的诞生"同样不可思议。未来科技也许能精密复制人脑的某些部件，并将其以科学理论所不能理解的神奇方式组合起来形成智能，却不能说人类设计了它。

本文旨在不让理性与直觉之间的矛盾被误解为理性内部的矛盾。我们无法以取消迅速判断一个"生命"会不会"思想"的直觉来化解这一矛盾，因为这既不可能也不可欲。澄清矛盾的工作，是为揭示"机器能思想吗？"不是一个科学问题而是一个哲学困惑；也就是说，不是机器和它的物理原理的问题，而是有限之人和他的语言的问题，不是一个真理的问题，而是一个幻觉的问题。

大地上的尺规

关于诸"美"与诸"艺术"的哲学研究

人类的诸知识，在其某些领域或阶段时常为一些难以丢弃的问题困扰，然而赖以提出问题的概念本身却不具备原则上的真实性；人们习以为常地使用它们，仿佛其意义不言自明。然而这种虚假的自明性只是因视域的偏狭才苟存于反思的盲区。每当人们试图确定这些概念的意义，或凭借它们建立某种原则，它们貌似清晰的轮廓就会崩解，其边界就像沙丘的边沿般消失，其意义也如沙丘般随风而动，仿佛"一切坚固的事物皆烟消云散"。面临这样的困扰，需要做的不是绝望地固守业已无存的封地，而是勇敢地反思我们的语言，揭示出真实的诸界限与诸原则，以求名正言顺，即便这一彻底的反思势必动摇历史与周遭世界塑造的语用习惯。

当今被称为美学和艺术（史）学的学科就陷于如此境地。早已无人能说出"美"的原则或"艺术"的界限。不仅如此，二者间曾被视作理所当然的关联也已断裂：自从启蒙哲人和浪漫主义者们自觉地声张了"美的艺术"之后，不美的艺术不到百年就被发明了，或被重新发现了。美无法被原则性地界定：不存在美之尺度，只存在价值直觉的诸尺度。当价值判断诸原则间的差异被笼统地混淆为"审美（趣味）"上的,仿佛从同一原则中得出了不同结果,虚假矛盾就诞生了。例如某些人认为美只是感性,另一些人认为美意味着感性地显现了某些理念。这一分歧导致"美"既可源于自然倾向（无论身体舒适还是音乐体验都是"自然的",仿佛没有区别）,也可由历史文化规定（无论宗教还是世俗主题都是"历史的",仿佛没有区别）。自然主义者对"美"之概念的不满是：它对意识形态没有批判力,难免被渗透。他们主张废除这个概念,让意识形态无处藏身。反之,历史主义者对"美"之概念的不满是：它暗示了非历史的人性对诸文化的超越。他们也主张废除这个概念,并以文化语境下的价值判断取代之。

"美"不再有坚实、统一的原则,"艺术"也成了一个无边界的大词。艺术若只是艺术家和评论家们称作艺术之物,就无异于说高贵即是贵族和教士们称为高贵的品质,并有特权免受无知的平民和图谋颠覆古老等级制的哲学家的批判。既然我们无法在原则上界定出艺术,也就谈不上从历史中"归纳"出它的一般特征,且不论世间诸象的千差万别比"美"之诸原则的分裂更令人绝望也教人狂喜。既然贡布里希认为"从来就没有艺术这回事",也就没有"艺术家们"这回事,有的只是讲故事的、造房子的、画画的、唱歌的、把弦拨弄得庄严又悦耳的形形色色的人的形形色色的行为,更有数不清的令生命熠熠生辉却未被称作"艺术"的事件。杜尚在小便池上签了大名，宣布该现成品是"艺术"，意图打破艺术与生活的其他方面之间的界限，却仍然依赖艺术展览馆的场域。杜尚掀起的不是革命，而是喧闹（charivari）：在节庆日，他于旧制度的宫殿为厕所加冕。艺术展览馆的领地特权源自一种自欺：艺术无关政治。[1] 越是激进的艺术，就越是只能以"圣殿避难"的形式存活于艺术馆内。只有当人有意识地告诉自己"我现在开始（貌似无关政治地）观看艺术了"，这些自称要革命的人才被恩准获得暂时的喧闹权。

然而艺术与生活之间确无界限。倘若生活仍是值得认真之事，这一命题就理当被严肃对待。这意味着凡仅在特定时间或场所内"欣赏艺术"，或认为只有特定人群的社会分工是"生产艺术"的观点皆有虚伪性。真诚的态度须将从生到死的整个生命把握为一个整体，并决意令其焕发光辉；且由于这一可能性向一切人敞开，此种决意一旦照亮一人之生途，同时也已是人类之赞歌。

因为美不是一种原则，所以艺术与生活的其他方面之间并无界限，后者却不能反推出前者。现成品《泉》意在取消艺术与生活之间的界限，单凭此不能阻止观看者习惯性地用

---

[1] 它源于对"美无关功利"的自欺的更肤浅误解。艺术区别于生活的特权源自这一观点：取消界限之后，生活不会和艺术一样美好，艺术反而会和生活一样糟糕。

"美"形容它石雕般的外观，因为"美"在语用上也能用于日常生活。设想一个既不了解艺术史，也没用过小便池的孤岛土著，就无法区分《泉》和一尊精心打磨的石雕。

然而艺术史家选取《泉》写进艺术史，绝非因为它更杰出地代表了此种风格（家族相似性），[1]而是因为其"艺术史价值"。在历史学家眼中，事物的史学价值高低取决于对人类全部生活的影响力大小；作品的"艺术史价值"却既不完全是其历史影响力，[2]也不完全是其技法纯熟度或令人愉悦程度。这两个学科选择对象的重要性标准非常不同。

在史学家眼中万物皆是历史，在艺术史家眼中只有某些事物是艺术，且"是不是艺术"取决于价值评价，而非历史理解。历史学区分了影响和价值，因影响重大而载入史册并不就是褒奖；20世纪影响最大的人可能是希特勒，但该判断只涉及历史理解，无关价值评价。然而将众多艺术品编成"史"，使其青史留名即意味着肯定其价值。同时，对被选出的"艺术史"影响重大的作品又不能不记载，也就难免被认为是"好"的艺术，无论这种影响是借何种时势风潮或意识

---

[1] 维特根斯坦的"家族相似性"是在相似性层面上而非原理上的，不适用于可被严格界定的概念，却贴切地揭示了"风格"的本质。
[2] 论对整体历史影响力，杜尚无法与莱妮·里芬施塔尔甚至某些劣质宣传品相比。有人认为杜尚的"艺术史影响力"更大，但这已经是将一些事物设定为艺术并排除另一些的结果。

形态发生的。艺术史选择对象的标准取决于价值评价,价值评价本身又反过来受"艺术史(选择范围内的)影响力"大小影响;[1]这意味着对象选择的武断性,不区分"重大"和"伟大",甚至有一种成王败寇的循环论证。"传统"是艺术史写作的根本语境,历史学家总在揭穿传统是被发明的,艺术史家却总在发明传统。[2]因此艺术史叙事缺乏稳定性:当女权主义者强调科学史上被忽视的女性,则证明了女性的科学能力,科学本身不会改变;然而强调艺术史上被忽视的女性,却批判了艺术史中的"男权凝视",动摇了艺术史乃至艺术本身。

历史学家须尽可能追求、接近一个超越私人趣味的超然视角:A. J. P. 泰勒不是一名纳粹,却理解了希特勒和他的时代。并非所有历史理解皆须基于共情,历史学家可以理解他人对意识形态符号的条件反射如何被训练出来,却不必接受这种训练。就像巴甫洛夫理解狗对信号的条件反射,却不必变成一条狗。当历史学家回顾已死者,会尽可能将价值尺度逼近终末的视角和宇宙的观点:越优秀的史学著作就越超

---

[1] 历史学关注最大程度上(无论好坏)影响着人们的生活的事物,是因为历史学的价值判断是功利判断。只谈论好作品、无视差作品的艺术史必然预设了艺术价值"无关功利"——只有对于仿佛无关功利、仿佛被艺术馆之墙隔在彼岸世界的诸事物,才只需赞美其杰出者,忽略其平庸者,没必要谴责恶劣者。这种艺术史与旨在培养德性的英雄传记史学如出一辙。
[2] 正如历史"传统"并不总是保守主义的,激进革命也会发明自己的"革命传统"。艺术界发明传统的人也不限于保守派,"革新传统"(tradition of the new)的发明往往更自觉。

越偏见，不仅因为后见之明让历史学家比他的笔下众生都所知（事实）更多，更因为只有待到历史成为过去，人们才能超越那些曾塑造和推动了历史的狭隘共同体及其（道德）观念。[1] 历史学家面对世界大戏台上的无穷面相，苦于无法事事周全，历史学视角下"前台"与"背景"界限模糊，诸方面的诸力量互为背景，然而艺术史必然要将所选之物置于聚光灯下。一些艺术史被写成按创作年代编年的物件史，历史学家眼中 17 世纪荷兰的维米尔和被 19 世纪欧洲人"重新发现"的维米尔却是两位不同的维米尔。

以上所说的是老派的"艺术的历史"，较新的"历史中的艺术"超出了这个范围，视野更开阔，其方法却已与一般意义上的史学无异，不再聚焦于"艺术价值"，也较少强调"艺术"在诸类"文本"中的特殊性。潘诺夫斯基是这一趋向的先驱，他越多关注解释作者意图、文化语境与视觉艺术的意义，就越接近"只关注往昔"的历史学家。新历史主义文艺批评越深挖作为伊丽莎白时代英格兰平民的莎士比亚，就越无关莎翁超越时代的艺术成就。更彻底的例子是，彼得·伯克的《图像证史》完全就是一本历史书，讨论的是何以借图像窥见更广阔的历史视域。"艺术史"学科的悖论在于，它

---

[1] 历史学对诸事重要性的权重排序必然先行预设道德尺度。即便完全理想的、不被私人趣味干扰、仅倾向于研究给更多人带来了更大幸福或痛苦的事件或力量的史学家，也不是没有价值观的史学家，而是一名功利主义者。

的研究对象若是艺术,其赤裸裸的偏见就达不到历史学的要求;如果对象是具体历史语境下的诸物,它就消失在了历史中。

哲学关注的是原则性区别,诸体验杂糅的"美学"在其中的位置已十分尴尬;历史学涉及生活世界的无穷面相中相互关联的诸力量,仅取一隅的"艺术史"也很难成立。然而世界的实在是不会错的,错的只是语言的虚构和历史的遗留;澄清此类错误的工作的价值不取决于哲学,而取决于该错误在历史中根深蒂固的程度。只要鼓起勇气运用我们的理智,凡能解决的问题一定能找到答案,凡没有答案的问题也一定能被清楚地澄清为没有答案的。

一、价值直觉的语言

苏格拉底曾问希庇阿斯:什么是美?后者随即指出美的女人、美的马、美的竖琴、美的陶器。这些回答不能令苏格拉底满意,因为他并非问某个具体的事物是否美,而是追问我们赖以进行审美判断的原则。两千年后维特根斯坦认为苏格拉底的此类要求是无理的：我们无法直接规定"什么是美"，只有通过列举诸多事物，人们才学会了"美"这个词在语言游戏中的用法。

然而问题反而更尖锐了：从"什么是美"，变成了既然美无法被定义，又如何确定我们长期使用的词汇不是一个虚假的范畴？[1] 该问题甚至触动了道德哲学敏感的政治神经："美"是不是一个意识形态词汇，是否可能被无偏见地谈论，无偏见的美是可能的吗？"趣味"皆源自具体的习性或理由：基于偏见的审美趣味造就文化区隔（distinction）和认同政治，凡其语言中包含偏见的艺术，都可能塑造身份认同和党同伐异。这看似是一个外于"审美"的"政治"问题，然而审美是直觉的，而直觉总是关于事物诸方面的整体感觉，不能将该整体的某一面相划出"外部"视而不见。诚然美并不要求全面性，它时常只看见一个侧影；但是美可以片面却不能自欺，片面性一旦被意识到，整体直觉上就打了折扣。

尼采坦率地承认偏见，认为"趣味"是生命为之斗争的

---

[1] 在真正地反驳"美"之概念之前，我必须先反驳一种对它的虚假反驳：文化相对主义者认为倘若某一语言中没有"美"，美之概念就不适用于该文明。然而普遍主义者可以轻易反驳：一个民族意识不到某些意识的先验构造，只能怪他们疏于思考，不能说该先验构造不起作用。正如无论你是否意识到物理定律它都作用于你，生活世界亦有某些超历史的一般构造，不以它是否被意识到为转移。因此对"美"之概念是否合理的讨论不可能是历史学的，而必须是哲学的。

首要尺度和斗争工具，"美"之概念的发明起初也只是为了直觉地区分生理上有益和无益的事物。这里的两个关键词：一是"直觉"，即未经也无须理性反思的；二是"生理"，即并非形而上学家说的"理念"。问题是为何还要"美"这个词？换成"直觉上对生理有益"好了。莫扎特的音乐"美"吗？我不知道这个词是什么意思，只是感觉它对身体有好处。但这并不解决问题："美"之概念的含糊神秘并未被澄清，而是被转移到尼采对"身体"这个隐喻的独特用法中去了。

维特根斯坦认为"美"其实是个伪概念，它在语言游戏中的诸位置可被"优雅"、"崇高"等更具体的词汇取代。这种取代本身也有问题：此类标示风格趣味的词汇试图指涉内在心理体验，而维氏又指出这种私人语言其实不可能。我们对"优雅"、"崇高"等词汇的使用其实取决于相关经验的家族相似性，这等于是将审美判断托付于历史习惯（前见）。维特根斯坦的结论与尼采异曲同工：趣味皆偏见。我们若在"美"这个大词下标记具体趣味，就无法摆脱私人语言面临的批判和文化相对主义困境。

因此严苛的维特根斯坦主义者要求同时消去"美"和"优雅"、"崇高"等标记趣味的词汇，以消除这些词汇中的习气与偏见。即便不用它们，人们仍能够抒发惊叹。"美"的语用被揭露为其实与叹词"啊"无异,"丑"也无异于"呸"。[1] 此种美学即是情感主义。

然而情感主义只是彻底暴露了原本被"美"这个大词遮蔽了的危机,却不解决问题;它很容易滑向一种反智的谬误:凡感叹皆无法言说。"趣味"(taste)这个词本身就含有这种暗示:仿佛价值直觉差异皆如味觉差异般无法讨论,全都类似咸味与甜味的区别,或巴甫洛夫用铜、铁铃声分别训练的狗的差异。然而这是一种误解。事实上同一叹词仍有不同意义,例如上文已说过"美"对自然主义者和文化相对主义者而言意义截然不同,即便将"美"替换成叹词,分歧也不会消失。人们会说一首诗美,也会说一道菜"美"味,能惊叹于语言带来的感受,也能惊叹于味觉感受;然而诗有语言而食物没有,因此惊叹于诗的"啊"和舌尖上的"啊"意义不同。人作为动物保留了吼叫本能,但这并不意味着人的吼叫和动物的吼叫没有区别。

我们又当如何传达对价值直觉的体验呢?

首先,不存在直指情绪的心理语言,标记趣味的语言必然带有偏见;其次,叹词空洞贫瘠,不区分诸价值;第三,

---

[1] 情感主义伦理学的问题在于它没有意识到"道德"必然意味着主体间的关系(而非唯我论的),因此是错误的。然而情感主义美学却不存在这个理论障碍:待到世上只有最后一人时也就无所谓道德,但哪怕只剩下最后一人,也会因某些价值直觉而发出感叹。因此情感主义美学并非错误的,而是空洞的。

物的物理属性只能解释舌尖味觉，无法解释"美"。

然而这并不意味着我们不能展示美，因为那不可言说的仍是可展示（gezeigt，指出）的。当我讲解一幅画，我说"注意这个局部"；当我讲解一首交响曲，我提醒道"接下来注意大提琴"；当我讲解《奥赛罗》，我说"注意'honest'这个词"。

在以上例子中，我既没有使用"美"这个词，也避开了"崇高"等标记趣味的词汇，也未使用"啊"这样的无具体意义的空洞叹词。我以"指向"引导意识活动，并未添加任何东西；因为意识本就是"关于……"的意识，本就有意向性。艺术的观看方式不指向意向对象（指称），而指向意向相关项（意义）。若将三角形当作绘画，观看"等边三角形"和"等角三角形"时的意识活动是不同的：前者专注于边，仿佛画面是由三条边撑起的；后者专注于角，仿佛画面是被三个点钉住的。于是我观看同一对象时获得了两种不同的体验。我们可以通过凸显对象中的某一部分展示（而非言说）它，以避开解释中那些无法免疫于意识形态的词汇。注意力的指向必定不是周全的，但却能是普遍可理解的。

贡布里希阐明了视觉的主动性：意识活动会自以为**看见**了它所**知道**的东西，并选择性地忽略另一些。不会画画的孩子画的不是他所见的色块，而是他所知的语言。孩童在临摹一幅精致的画作时，能意识到自己漏掉了很多微妙之处，却无法列举出漏过的究竟有哪些，因为两幅画的差别对孩童而言仍是"难以言传"的整体效果，而非具体细节。略微改动一首交响曲，大多数人都能察觉到"某种"删改，但若不够熟悉作品就无法准确指出删改究竟在何处。对于此类现象，总能通过指示语"注意这个局部"、"注意大提琴"来展示这些遗漏。引导意识关注某个局部是展示而非解释，不含价值判断，展示某种遗漏不一定是贬义：略过某些细节可能让画面更简洁（如毕加索的和平鸽），裁剪过的音乐也可能胜过原作（如果原作繁复过度）。正因为这种价值判断的自由，单纯通过引导意向活动来展示某种体验的语言不附加偏见。[1]

二、价值直觉的诸尺度

以上说的是在展示某一给定对象时，何种**语言**是非意识

---

[1] 通过引导意识的意向性也可展示图式或"风格"（家族相似性）。但相似之物可能原则上截然不同，例如热力学第二定律和"天之道损有余而补不足"仅有表面的相似而已。

形态的（并非无前见或非历史的），然而偏见不仅可能存在于语言，更无可避免地存在于对象选择：人生有涯而宇宙与历史皆无穷，不得不在浩如烟海的体验中做选择。有人将选出的精粹冠名为"艺术"。于是好艺术与坏艺术的区别即艺术与非艺术的区别：噪音不是音乐，差劲的诗不是诗，失败的画作只是"涂鸦"。因此艺术研究不是对事实对象的描述（自然科学），也不是对权衡取舍诸价值的尺度的反思（道德哲学），而是基于某些价值尺度选取特定事实为对象的阐释。艺术研究须尽可能以好艺术为例，而非迁就大量平庸之作。[1]然而"好"艺术的诸标准本身是多元的，艾略特所谓"传统"、布鲁姆所谓"影响的焦虑"、贡布里希所谓"名利场的逻辑"皆影响了评价作品的历史环境。一幅肖像画得像不像、一个圈画得圆不圆皆有客观标准，但我们无法仅从"像不像"或"圆不圆"中推出"美不美"。决定我们对具体作品的偏好的原因有多种，例如：

1. 这作品太常见，都审美疲劳了，所以平庸。
2. 这作品技巧太难，别人都做不成，所以好。

---

[1] 历史学更关注平均水平：人均 GDP、人均工资、人均生育率、平均婚龄、信教率等事实判断。历史中没有至善，诸善诸恶可接受或不可接受的程度取决于"常人"的平均水准。但在"艺术"中，人们凭价值判断选取并只关注他们认为"最好的"顶尖作品，该视角一旦运用于历史（哪怕是关于艺术家的历史）即是谬误，典型的谬误是以艺术家超常发挥的一件作品来评价他的一生。

这两者都无关作品"本身",而是关乎作品所在的社会环境。对艺术的直观是心理的,但社会心理学与仅关涉"物"的视觉心理学却原理不同。追求"客观价值"的人主张屏蔽前者的影响:若凭新鲜感或难度系数评判,任何冷僻的高难度炫技曲都比巴赫那些简单朴素的著名乐曲价值更高,这太荒谬。然而他们之所以能明显地区分"音乐本身"的价值与社会心理学塑造的价值,是因为内时间意识的被动构造使得我们能够"面向音乐本身";相比之下,我们关于外物的视觉意识却是主动的,很难无前见地"面向外物本身"。[1]因此以上两种社会心理倾向必然会影响人类的**观看**方式,我们无法将其从价值直觉中剔除出去。

首先,人们以"美"称赞令人耳目一新的事物,表达的其实是"新"。创新并不意味着进步,因为进步意味着在某方面超越迄今的前辈们,而创新只是和前人不同,不涉价值评价。然而人们仍鼓励创新,这不能仅归因于现代意识形态常赞美新事物假装在进步,也是出于新鲜感的自然倾向:一个城里人面对圆桌,和一个首次接触现代城市的土著人面对现代工业切割出来的"四脚圆板",二人面向该物产生的意义和体验都不相同。终有一死者皆经历有限,难免受新鲜感

---

[1] 面对同一双沾满泥土的破旧的鞋,城里人和农民会有不同的想象。海德格尔对梵高的《鞋》之误读暴露了先验现象学与历史解释学之间的断裂。

的影响。我们从未面向过某物"自身"。

其次,由于意识总是带着前见观看物,相同的指称可以有不同的意义,同一物件被理解为"画"或"视觉图像"的差别也会影响体验。面对油画中栩栩如生的细节,人们由衷发出"美"之赞叹,其实是惊叹于"技法高超",即画家能做到他人做不到的事,而非视觉图像本身。[1]照片在细节上超越了油画,却未得到同等的惊叹。绘画史常谈及照相术的冲击和绘画界的反应催生了现代绘画,[2]却将这一过程视作理所当然,仿佛无须解释。快捷的图像生成技术冲击的其实是绘画的难度系数。不再能以难度为骄傲的画家们纷纷舍弃旧传统,这说明人们对古典油画的崇拜其实含有技艺崇拜,如今遭到了技术的威胁——无论"技术"指何物:是照相术,还是维米尔的暗室小孔成像术。

然而"美"这个词提供的搪塞性质的伪答案阻止了深究追问。这种寻常(everyday)语言其实并不正常(ordinary):如果语言中根本没有"美"这个过于方便的词汇,面对新奇或精致的作品,我们是能说出"别出心裁"或"神乎其技"

---

[1] 无论线条还是色彩上的"精致"都不一定美。粗犷的线条可能比精细的线条更浓烈有力,黑白图像可能比色彩斑斓更超然冷静。
[2] 关于照相技术催生现代艺术的"冲击—反应"解释是片面的,只能解释1888年便携、廉价的柯达胶片相机出现后的一些艺术变化,且仅"画不像"不足以构成现代性(我们不会将孩子的画说成是现代的)。关于"现代艺术"之意义参见本文第八节。

等具体理由的。[1]可见"美"不仅窝藏意识形态话语，将价值评价的尺度变得狭隘、破碎又混乱，还让原本丰富的诸尺度变得陌生，令广大深邃的世界显得单薄、扁平又无法理解。如此贻害无穷的谬误，竟然造就了所谓"美学"。哲学的丑闻并不在于它无法回答"美（或其规则）是什么"，而在于人们竟然一再问出这样的问题。有人会以"美"这个词节约了思考时间为其作经济学辩护，这也不能成立；因为不愿多想的人可以说"啊"，不仅思维更经济，叹词的情感也更生动，且不会假装成某个实在的答案。

我的论点势必引起坚持"美"具有独立而统一的意义的人的不满，他们认为未能清晰地定义美就是美学的失败。然而，无能于回答问题是一种失败，论证出某个问题是伪问题则是一次胜利。理论的成败不取决于它能否满足某些人对某些概念的执念（严格的理论注定不能满足意识形态的心理需要），而仅取决于其严格性。然而为了说服这些人，不仅要用哲学指出美之概念导致的语义错乱，还要历史地揭示它产生于何种语境，又是由于何种原因遗留了下来，以及这一时代错乱在现代导致的种种困境。

---

[1] 此类以虚假答案阻碍思维的词汇还有很多。例如心"痛"与牙痛唯一相同的是"负价值"；二者是可比较取舍的，却不是同质的。牙痛可以等效于"C神经纤维刺激"，而心"痛"却不能。如果没有心"痛"这种粗糙的语言，人们就会被迫更准确地认识自己的情感。

三、形而上学与"无关利害"之美

谁若想一窥曾经的诸文化共同体在其诸语言的可能性之内曾创造出怎样惊人的艺术,形而上学本身就是它们的典范。形而上学凝聚了古人的最高艺术创造力,由于它宣布了诸艺术之尺度,其幻觉已经强烈到了宣告"真理",形而上学的艺术本质被遗忘了。即便怀疑的一瞥曾意识到形而上学语言根源中的创造性,形而上学家也会在承认由这些语言提出的问题无法被回答、超越一切理性能力的同时,宣布它们是"无法摆脱的"、"无疑是人人极感兴趣的"。[1]

苏格拉底的问题"美是什么"便是如此,它预设美是一实在原则(其实是语言虚构)。形而上学家会认为此类问题是"由理性自身的本性向自己提出来的"(其实是根据希腊语为它的历史世界划出的可能性被提出的)。黑格尔的话"美是理念的感性显现"便是美的形而上学的最终表达。形而上学与宗教将超验的永恒真理区分于"此世",其难题是:倘若二者间的断裂是彻底的,真理如何作用于此世,凡人又如何认识真理。宗教以神迹之名承认神圣力量对俗世的干预,形而上学却无法这样做。在此情形下,"美"的位置尤其关键:美显现为人类超越世俗利益计算的另一种同样"自然"的力量的证据,因此形

---

[1] 参见康德《纯粹理性批判》第一版序言和黑格尔《小逻辑》第35节。

而上学将审美判断的原则规定为"无关利害"的。

有人指出,审美**快感**直接地关涉了利害。对"无关利害"的这一反驳仅指出了生活世界的普遍关联,即世间万物皆相关,未考虑诸力量遵循的原理是否相同。形而上学中的理性仅与自身打交道,只在原则上考虑问题,其真正立论是:审美判断既不必与自利原则一致,也不必与"最大多数人最大幸福"原则一致;既然审美与利害判断不构成彼此的充分或必要条件,二者依据的原则必定相互独立。对它的真正反驳须针对其语言:这一立论只在先行承认"审美"确有一实在原则的前提下才有意义,这才是形而上学美学的根本预设。

既然"为无益之事"能够"悦有涯之生",审美快感即是诸利害之一种。悲剧美学的首要问题即悲剧何以引发快感;司汤达说美是"对幸福的许诺",也指出了美与幸福的关联。然而美的表象不一定是事物的全貌,仅存于特定视角下的动人心魄的幸福,在现实中或许要以远为巨大的痛苦为代价,以至于得来之时已成苦涩。美不一定是假象(Schein),不必然源于不自觉的意识形态偏见,但美可以是假象与偏见。[1]

---

[1] 人类倾向于高估谎言的力量。除了"美必然是幻觉"这种夸张之辞外,还有例如认为历史是被"谬误"或"谎言"塑造的,然而谎言的历史作用被归于谎言,真话的历史作用却不被归于真话。2016年美国大选中出现谣言时,人们说谣言影响了大选;竞选期间真相的传播总量比谣言大,我们却不会说真话影响了大选。世界的实在的原则是"日用而不知"的,理想世界中的人无法自觉到它的力量;只因人的错误,实在才显露出它的原则,世间才有了哲学。

因此被形而上学家称为"无关利害"的这类心理现象并非真的无关利害，而是区别于全面地权衡诸利害的态度，即道德的或政治经济学的态度，仿佛越直觉的态度就越审美，越全面的态度就越政治。美不一定是全面的，侧影也可以美，政治却须尽可能面面俱到考虑周全。美不一定是稳定和可持续的，昙花、流星与闪电也很美，政治却追求持恒的结构。"虚而非伪、诚而不实"的自欺也可能很美，在政治或历史研究中却万万要不得。

通过与"政治"的区分，"审美"看似有了规定，但这仍是假象。以上说的其实是直觉态度与反思态度之间的区分，即未经反思和经反思的生活之间的区分，"审美"之概念仍是冗余的、被凭空发明的。所谓"审美价值"与"政治价值"的区分其实承自理念与俗世的区分，或美的"自然"与鄙俗的"本能"的区分。现代哲学拒绝了这些分类。将"审美价值"想象为无关政治的，将"政治价值"想象为市侩算计的，是"审美"与"政治"这两个不具备实在性的虚构概念造成的双重误解。[1] "唯美"的"为艺术而艺术"恰恰不美，美必须关乎具体的价值，自觉地为美而艺术只会令创造者陷入空洞匮乏。只当艺术品关乎创作者的整个生命乃至更宏阔

---

[1] "政治人"行为的利己性只有统计学意义。正如"美"之概念不具备哲学原则上的实在性，"政治"之概念亦是如此。实在的是人的语言、暴力、身体感官等诸能力在生活世界中结构而成的行为预期。

的语境，才动人心魄，才不仅是受限于艺术馆中被凝视的陈列品，而存在于世界。艺术品在世间的存在是艺术的力量的存在，作为人类的赞歌的艺术也是这力量所打开的可能性的赞歌。尼采说："在所有被写下的文字中，我独爱那以血写就的。"[1] 司马迁的历史—政治作品有伟大的美，是因为在"固有一死者"眼中生命获得了真正的严肃性，于是才有泰山与鸿毛的差别。"固有一死"是生活世界的基本构造之一，诸价值于该构造中转化为此生之决意，又岂能被分判为审美的或政治的。真正的区别在于对待诸价值直觉的**态度**是简单接受还是反思权衡。我们通常所说的"艺术"，只是从事物的某个方面观察到的价值直觉；拒绝沉溺于瞬间直觉、反思权衡诸价值的态度反而是更严肃的态度。

凡被"无关实用"等条框隔绝于生活世界的某些方面[2]的美学都必然预设了美是对"孤立绝缘"的意象的凝视。相反，生活世界的普遍关联须将整个生命历程把握为一整个艺术，必然反对这一预设。我们以潘诺夫斯基曾用来支持前者的例子为例：交通信号灯是一实用物。在直面印象的画家莫奈笔下，铁道红灯美如初升朝阳，这种美无关实用。可是潘诺夫斯基没有想到，视野广阔的历史学家（尤其是马克思主

---

[1] Friedrich Nietzsche, „Vom Lesen und Schreiben", KSA 4, S. 48.
[2] 然而"美"不可能同时隔绝于生活世界的所有方面。

义者）完全可能认为交通灯正是因实用功能而美：它意味着蓬勃的现代生活。当第一盏信号灯被点亮，那必定是一个激动人心的历史时刻，"现代生活的画家"莫奈将其画了下来。此时的美属于信号灯在历史情境中的实用意义，观者凝望沧海横流的历史，不必将其孤立绝缘于其他事物。"实用"意味着对未来的筹划，为实现某价值而操心于物。潘诺夫斯基和朱光潜都以树为例：对一棵树的操心预期它能变成木材，这无关美。[1] 然而他们没有想到，一旦预期到能用木材建筑房屋，树就可能焕发出"美"——不是树形与树影之美，而是一个圆梦的故事，树只是其中的道具，它的美源自生命历程中的意义。也正因此"充满劳绩"（Voll Verdienst）的人才能够"诗意地栖居在大地上"。

四、现代意识形态中的"美"

康德时代的哲学家相信：建立形而上学是人的自然倾

---

[1] 分别参见潘诺夫斯基《作为人文学科的艺术史》和朱光潜《谈美》。

向。现代人只承认寻求"完整性"或"秩序感"等心理倾向，形而上学只是该倾向的天真表达。当一个问题无法通过哲学得出答案，现代人要么说它不是一个哲学问题（而是诸具体学科问题），要么说它是一个伪问题，"凡答案不可言说的问题本身也无法被问出"。[1]然而在古典哲学中，理论困境反而成就了某些概念在世界图景中的神圣位置。例如在现代哲学中"自由意志的发生原理"和"语言的起源"这两个表达是类似"无中生有"的不可思议，须被排除出知识的领域；在古典哲学中，正因为它们是超越理性界限的谜，才显示出自由意志在世界构造中的神圣性。美亦是如此，它不同于味觉，由于诸味觉之间的差异被生物学解释了，就不再神秘；美的机制无法被还原到任何一种原理中去，因此才成了谜；美之谜团具备强制力（仅凭意志无法改变审美），因此它是命运；尼采说，"爱命运"是生命肯定者的最高公式。现代哲学中"美"被指控为一个假概念，围绕它的种种无解的难题也被归于伪问题；然而在古典哲学中，正因为美之尺度无法由任何一种原理清晰阐述，美才源于神圣；正因为美之概念是荒谬的，它才被信仰。荷尔德林说："最美的也最神圣"（das

---

1 Wittgenstein, *Tractatus Logico-Philosophicus*, §6.5.

Schönste ist auch das Heiligste)。[1]

于是"美"成了神迹。这即是形而上学认为美"无关利害"的真正理由：神圣的自然超越于鄙俗的本能。然而"最美的也最神圣"很容易滑向"最美的就最美"：现代意识形态保留了"美"，却拒绝了神圣。既然人只能经由美感知神圣，而神圣"本身"又不可知，美就占据了神圣的地位。如果上帝永远隐匿，传令天使就无异于上帝。"美"之概念在思想史上地位最崇高的时代，既非形而上学时代亦非现代，而是二者间青黄不接的19世纪，彼时产生了为美而美的唯美主义。在形而上学时代，美之尺度依附于共同体中因历史局限而被认作永恒和完满的真理。在彻底的现代哲学中，维特根斯坦已消除了"美"这个词，或将其用法等同于叹词。

然而两者之间的半吊子现代意识形态却认为：凡是神话、宗教、形而上学皆受限于时代和共同体的偏见，皆是人性的；唯有美是超越的，是人性中的神性。对无偏见性的要求将文化语境贬低至相对主义，却继续承认并尊敬"美"，仿佛知道这个词的意义。这种半吊子现代人却不知道，他的审美趣味取决于**迄今**被遴选、标榜为"艺术"之物的教养，而这些艺

---

[1] 荷尔德林用的是最高级而非比较级：只承诺了"最"美者和"最"神圣者之间的关系，没说"越美就越神圣"。这也说明荷尔德林关涉的是形而上学中的美。生活世界中既不存在"最美"（这同样是因为被统称为"美"的诸原则之间难以比较），更美者也不一定就更接近真理。

术却是在被他所抛弃的神话、宗教和形而上学尺度下被创造并选择出来的。米隆的《掷铁饼者》与米开朗基罗的雕塑分别是其时代的信念的表达,[1] 焕发出和谐与力量的光辉;布格罗或安格尔的作品只是对过去曾有的光辉的模仿。对祈祷的古人而言,圣母像象征世界中的某种实在;对博物馆里的今人而言,它只带来了历史的体验。如狄尔泰所言:令人信以为真的神话和宗教消失了,却留下神话感和宗教感。这种"趣味"层面上的模仿是 19 世纪心理主义的结果,该意识形态不区分某原则与关于该原则的体验。不彻底的现代意识形态未摆脱历史遗留下来的"情绪",却摧毁了曾有的诸时代、诸语境之间的界限;中世纪人曾自以为决绝地与古代一刀两断,文艺复兴之后近代人曾自以为决绝地与中世纪一刀两断,现代人觉得这些区分已不再重要。于是历史被保守派视作一个连续的"传统"[2],被冷淡者和进步派视作笼统模糊的"过去"[3]。

因此人们的"趣味"变得混融了。保守的趣味打破历史上诸时代的界限,不加区分地将历史想象为一个连续的"传

---

[1] 参见潘诺夫斯基《图像学研究》中的相关章节。
[2] Tradition 一词的本意就是"传递"。有人认为寻求历史连续性是人的自然倾向,然而尽管完整性是人类的自然倾向,但完整性并不一定以历史连续性的形式体现。例如史诗或成长小说都是完整的故事,主人公的性格或价值观却会在时间中改变。
[3] 将历史视作过去,就是无视它,把它留给历史学者。只有后者才执着于追索某些决定性的事件和语义变迁,将过去区分成一个又一个时期。

统",摘录过去的碎片以唤起情绪(然而被发明的"传统"取自诸时代智慧的遗迹,当诸时代完全混融,"传统"也将变得不可理解);激进的趣味在政治和技术尚未完成全球化之前,就提前取消了诸地的界限,融入了日本和非洲等"异域"景观(待到政治和技术全球化实现后,"异域性"也将变得不可理解)。

过去的历史已经死亡,现代人对这死亡有大欢喜,他借此确证它曾经存活。

五、"美"的虚无主义历史危机

现代哲学取消了形而上学的彼岸与俗世的界限,反过来将诸形而上学与诸宗教视作特定历史条件的产物。而在现代生活世界中,意义以意识的先验构造和人类共同的生活形式为基础得到理解——这是胡塞尔与维特根斯坦的贡献。同时,现代物理语言(例如时间和空间)的意义断裂于它在受限于人类感官的生活世界中的日常意义,然而基于物理语言改造物质宇宙的技术实践,却仍是生活世界的一部分。

"自然"之意义的变化深刻地改变了"美"的意义：首先，生态学意义上的自然不复存在，祛魅了风景画和田园牧歌的神学语境；华兹华斯等浪漫主义者曾为此焦虑万分，东方山水画的"现代转型"也面临同样困境。其次，身体意义上的自然遭遇危机，"正常的身体"不再神圣：笼罩在人类裸体上的神性消失了，不再是"世界之美，众灵之范"（beauty of the world, paragon of animals）。甚至绘画这种艺术门类，也只是视觉正常者的艺术，而视觉是生物演化史[1]的结果，在当代是生理学和医学的研究对象，在将来甚至可能随着科技的突飞猛进而被改变。"自然"让位于"技术历史"。

　　近代形而上学认为主体的审美能力宣示着自由的、美的"灵魂"具备超越动物性"肉身"的神性；在现代，生活世界和物理宇宙的二分最终归于意识与物理的二分，二者交汇的拱顶石已不再是物种（身体）意义上的"人"，而是一个谜，即心灵哲学中所谓"困难问题"（hard problem）。身体之美曾作为人的理想形式被达·芬奇寄于维特鲁威人（Uomo Vitruviano）的图像，被黑格尔称为最高的自然美（却因自然美的固有缺陷而低于艺术美），待到肯尼斯·克拉克对人

---

[1] 现代科学在研究生物演化史时，只涉及根据基因装配的庞大复杂的物理构造的演化，无涉目的论意义，也无法对意识和语言的"发生"作原理上的解释。

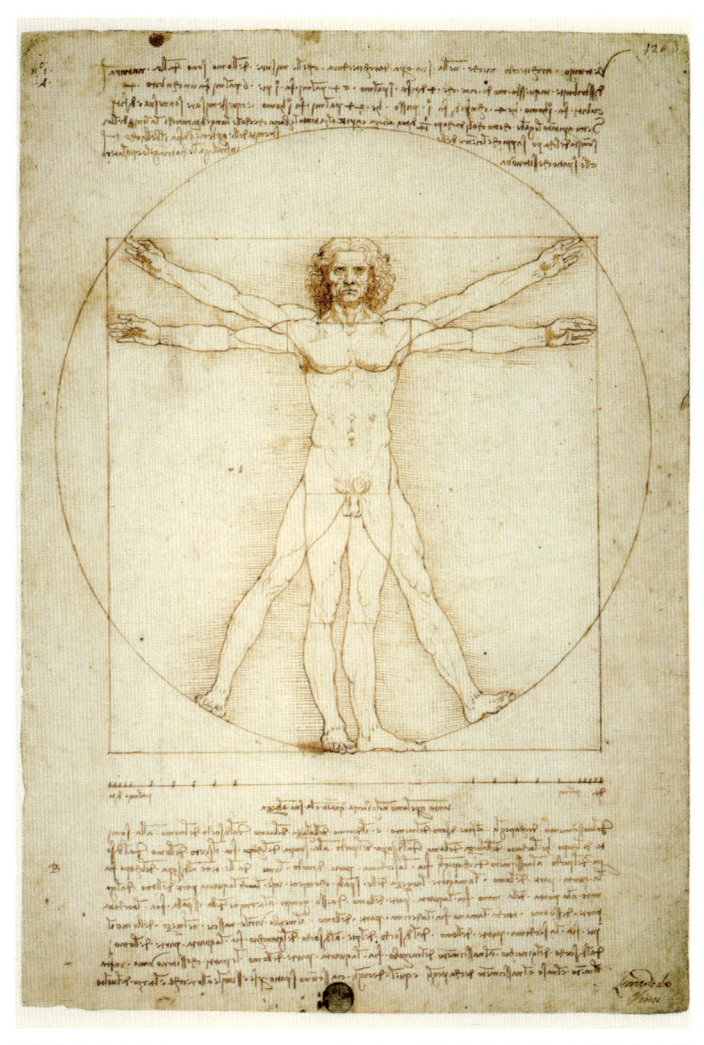

《维特鲁威人》(Uomo Vitruviano),达·芬奇约于1487年创作的素描手稿。

的裸体做文化史回溯时,[1] 它的历史当下其实已经永逝。现代哲学批判了近代人文主义和主体性哲学中的物种中心主义倾向,转而讨论意识与语言的诸原则,而高等动物同样有初级的意识和语言。"人类"已不再具备哲学意义,[2] 因此甚至已无需主体的"审美能力"或"欲望能力"等被近代形而上学家们称为"能力"的特征来充当人类"高于"机器或动物的证据。我们既无法以语言讨论前语言的"前世界",也无法谈论意识、语言与物理宇宙"之间"的关联,现代哲学将无解的问题视作伪问题。[3] 于是"身体"既不再是透视学的,也不再是美的,而是意义表达的场所:现代主义人物画不再是解剖学和透视法的附庸,其根本原则是"人类身体是人类灵魂的最好图画"。[4]

关于"自然"的种种旧前见消失了。形而上学中的"美"

---

1 Kenneth Clark, *The Nude: A Study in Ideal Form*, Princeton: Princeton University Press, 1972.
2 在20世纪基因学说正式建立前,达尔文在19世纪造成的巨大震荡,在于他以实物证据提供了一种可能的历史解释:作为物种的"人类"不具备哲学和神学意义。这不仅暴露了当时人们的血统论迷信,还有对"眼见为实"的迷信:当逻辑以比实物更不可辩驳地将物种意义上的"人"拉下神坛时,人们并未觉察。
3 韦伯说现代性意味着随着世界的诸原理被揭示,世界的诸部分被逐渐祛魅。但祛魅之进程并非完全消灭神秘,而是把无关神秘的原理说清楚,将原本弥漫在整个世界的神秘,逼入有限的几个断裂点,并论证出任何对它们的言说皆是僭越。
4 Ludwig Wittgenstein, *Philosophical Investigations: Part II*, trans. Anscombe, Hacker & Schulte, Chichester: Wiley-Blackwell, 2009. iv, 25.

曾是真理之光辉。在现代,旧真理被揭穿为世界观的幻觉和自我意识的自欺,它曾焕发的光辉也就沦为了**装饰**。装饰艺术在那个被尼采诊断为"虚无主义历史危机"的世纪末(fin de siècle)的欧洲,于旧帝国的心脏金碧辉煌而又惊心动魄地登场了。克林姆特晚年放弃了"美",才成为装饰家中的最诚实者,[1] 他比弗洛伊德更露骨地描绘了如下精神状况:除却性与死之外别无他物。世界上再没有什么比无神的神庙更虚无。诸神已死,空洞的神庙中越是绘满了美的装饰,就越丑陋。它成了艺术最恐惧之物,不是丑,而是虚假。[2] 形而上学认为"诚实"是语言之神的神圣律法(康德宁可让无辜者被杀也要说真话)。在现代人眼中,说真话的价值已不是绝对优先的,却仍是内在和固有的。

形而上学相信"理念"必然焕发出美的说服力,现代艺术认为表象之美皆是虚浮的装饰。现代艺术走出神庙,它舍去了肃穆的趣味,是为了捍卫意义的严肃性;它拒绝表象之愉悦,是为了防止肤浅的表象喧宾夺主。罗丹砍掉雕塑中过

---

[1] 自从世俗时代曙光初现,画家的诚实与画面光鲜的"美"之间就有了矛盾,但真正的艺术家只能"选择"诚实——甚至另一"选项"都不存在。伦勃朗晚年的绘画是更好的例子。
[2] 然而古人却不必受此诘难。正如道德行动者只能根据所知的信息做出决策,不必为其不知的事实负责,美的创造者和欣赏者也只需真诚地尊奉他自以为的"真"。美不排斥假象,美排斥的是意识到假之后仍然自欺的虚假。然而何种意识活动才算不作伪的"真信",则需做更具体的历史研究。

于完美的手的故事是一则寓言，表明了整体之重要，与意义无关的美的表象即是冗余。古罗马的普罗丁也强调过美的整体性，但他不仅不排斥部分的美，且认为美的整体不可能由丑的部分构成，因此每个部分都必须美。[1] 这并非由于普罗丁没有想到罗丹所想到的，而是因为古人不需要思虑这些：在古典艺术中，意义的整体性是被形而上学保障的。

抱怨现代艺术不如古典艺术"美"的人只记得拉斐尔和波提切利，忘了希罗尼穆斯·博施的画也难以带来愉悦，罪与残酷本就是形而上学世界秩序的一环。古典艺术并不排斥美的表象，它乐意披上这荣光，也能将其摘下；它不忌讳展示表象美，并非因为古典精神需要装饰，恰恰是因为它自信超越于装饰。古希腊人认为唱缪斯之所唱的诗人高于画匠型的诗人，因为无形无相的秩序自有伟大的美，而表象之愉悦仅是凡人的微不足道的赞颂。当一个人自信于他持守的"道"时，他对表象愉悦的存灭就不会太过在意，此种泰然会流露为美，且不同于对外在表象的刻意追求或模仿。

然而既然对万物的直观皆伴有愉快或不快，那么即便形而上学消退了，世间诸象也可唤起感叹。永恒的命运消失了，人类就转而赞美生成与变化；倘若神性的"自然"

---

[1] Plotinus, *Enneads*, trans. A. H. Armstrong, Cambridge, MA: Harvard University Press. 1989. p.235.

退隐，"历史性"就会填补空缺，并唤起另一种感叹，在这感叹中现代人听见了另一种"自然"。经典和教义曾有的永恒之美，在现代体验中被理解为历史之光辉；不可说的寂静主义，则有另一种更为暗哑而坚定的光辉。主体性哲学曾相信普遍的理性是万物的尺度，且理性的尺度是属人的，美之尺度是普遍的；在现代哲学看来，旧形而上学并非"人"为自然立法，而是"高人"在立法——马克思说他们是统治阶级的意识形态家，尼采说他们是道德家，海德格尔说他们是形而上学的构筑者。高人在历史中的立法，仅在被当作普遍之人为自然立法时才显得不偏不倚，并因此正大光明，如今这一面纱早已无存。于是丧失了命运的事物只是历史的浮沫，角逐于声望和宣传的场域，屈从于种种偶然的物质或心理"需要"。人在庞大而普遍关联的生活世界中必须创造新的命运。[1]

"美"由诸原则混合而成，可以仅表达寻常感叹，不一定是"理念"的显现，它不完全属于形而上学彼岸，也没有随着彼岸的崩塌一同彻底消失。现代意识形态中的"美"不再承担连接理念世界和感性世界的桥梁的任务。"美"曾是

---

[1] 19世纪形形色色的英雄与英雄崇拜是18世纪的"崇高"之情绪的余音，但仅有情绪尚不构成原则，因为作为道德之象征的崇高已经不复存在。"他必须忘却他的英雄意志（Helden-Willen）：在我看来他应该是一个高雅者，而不仅是崇高者。"Nietzsche, KSA 4, S.151.

一座横跨两界的桥,当彼岸坍塌,此岸"俗世"独立成为"生活世界",它也就沉没到了一个灰色的灵薄(Limbo)中。这直接体现在语用上:由于"美"是一个褒义词,它仍与最抽象一般的褒义词"好"有关,可用来形容任何"看上去令人幸福"的事物,并混杂着旧时代遗留下来的趣味。

形而上学的星空破碎之后,大地之上可有"美"之尺规?绝无。

六、"对幸福的许诺"

如果不考虑旧时代遗留下来的趣味,"美"这个词在当今已宽泛地适用于"看上去令人幸福"的一切事物。首先,它只关于诸价值"看上去"的直觉,区别于长远、周全地权衡诸价值的道德要求及其政治实践。其次,相比作为形而上学理念之光辉的美,以"幸福"规定"美"拓宽了它的语用,削弱了旧时代的趣味偏见对价值直觉的限制;同时也使它更狭小了,怜悯和恐惧不再被包含于"美"。然而幸福之表象为何被冠以"美"之名?这一词义并非自然的、无法也无须解释的。历史上有许多概念都随其语境的消失而消失了,为何"美"没有随着形而上学的消失而消失?原因在于幸福之表象许诺了某一价值,却并不就是该价值;在此方面它同构(相似)于形而上学中理念之光辉与理念本身之间的关系。

现代哲学拒斥形而上学,现代意识形态却欲取而代之。从黑格尔的美"理念的感性显现"到司汤达的美"对幸福的许诺"看似仅一步之遥(其实已跨越了两个平行的原则):某事物的感性显现本就是对它的许诺。在形而上学中,许诺总关乎彼岸的理念;在现代,许诺总关乎未来的幸福。现代人没有彼岸的理念世界,于是未来替代了彼岸的位置,[1] 幸福取代了理念的价值。

"幸福"和"美"在形而上学的最后时代都连接了理念和尘世中的可被直觉的现象,但两者都不是理念本身,理念的内容取决于时代和共同体的文化,幸福与美也在其统摄之下。边沁以"幸福"为通用价值词汇的道德哲学与将"美"奉上神坛的浪漫主义皆兴起于 19 世纪初并非巧合,它们都试图将繁多的价值尺度统摄于单一的抽象概念。这导致了这两个概念的另一相似:只想要幸福的人贫乏于幸福,单纯以

---

[1] 在许多宗教中彼岸与未来也有关系,这也解释了未来是如何"替代"彼岸的。然而从原则上说:未来在一定限度内是可操心的,而真正意义上的彼岸是不可操心的。迷信的人以未来(死后世界)想象彼岸。

美为目标的艺术无缘于美。

当且仅当一种情况下"幸福"这个抽象概念仍无法被更具体的价值理由取代：在权衡取舍诸价值时，仍需把诸多异质的价值直觉纳入抽象一般的"幸福"，无论这一权衡取舍是只顾自己，还是考虑所有可预期的受影响者。然而"美"无须在诸价值直觉间权衡取舍，因此这个概念总能被更具体的价值理由取代，是完全冗余的。

作为对幸福的许诺的美随附于前者，没有独立的价值，无法区分于伴随对幸福的许诺而生的幸福。而且若将对幸福的许诺所唤起的价值直觉继续标记为"幸福"，不会导致逻辑上的无穷倒退：对"对幸福的许诺之幸福"的许诺是不可能的。我们总是许诺某种令人期望的事态，而不是许诺许诺，或期望期望。因此"美"的此种意义仍是冗余的，它可被替换为"幸福"。

被许诺的未来幸福在此刻投下了光辉（正如形而上学中，彼岸的理念在此世投下了光辉），激起了惊叹，且这一惊叹不思虑众人的诸幸福应当如何协调取舍，这也意味着"审美态度"不具备道德严肃性。因此如果美的判断标准就是"对幸福的许诺"，它就还不如幸福。"幸福"同样出自诸原则而非单一的判断原则，其多样性也存在意识形态和相对主义问题。另外，有人认为取消"美"、只谈具体价值理由（仅在权衡取舍诸价值时抽象地谈"幸福"）会使人庸俗卑琐，丧失超越境遇的能力；这完全是误解，因为生命的超越性不取决于用什么大词去装饰它，而取决于具体价值理由被连接到的**语境**。

为了区分意识形态的和真正具备超越性的"幸福"，让我们从司汤达回溯至莎士比亚：《红与黑》的献辞"献给少数幸福的人"中"少数幸福的人"，取自《亨利五世》中圣克里斯宾节战前演讲"We few, we happy few, we band of brothers"，他们即将以寡敌众却视死如归。九死一生之人为何幸福？前句是："From this day till the ending of the world, but we in it shall be remembered."此句许诺的是战胜死亡的光荣，"战胜永不消逝的消逝"。"in it"即是"在世界中"，诗人强调这个看似空洞的恒真命题，将勇士们的有限生命立于无限世界和无尽未来。接下来的台词是：

> 凡今日与我共浴血的都是我的兄弟，
>
> 无论他出身如何卑微，
>
> 这个日子将为他加上高贵的头衔。(VI.iii. 61-3)

"常人"以群类规定人，在非本真的存在者眼中决定地位高下的是出身，然而直面死亡者超越了"常人"，本真性赢得了优势。纵然规避风险渴求安稳是幸福之源，这不能否定甘愿冒险以求更大幸福的可能性。性格不同的人完全可能有不同的幸福。

如果我们的分析止于此，就只是转移了问题，没有真的解决问题："性格"这个词就像"美"和"幸福"一样无法免疫于意识形态。"美"有诸多歧义，"幸福"或"性格"等词汇同样会遭遇这些内在分裂和矛盾。因此必须区分诸价值。然而哲学不理解意识形态，只能标记它，对意识形态的理解是历史理解。有人会指出莎剧中上述演讲反映了1588年后英格兰好战的新教民族主义，就像伊丽莎白一世在 Tilbury（蒂尔伯里）备战西班牙入侵时的那段传说中的演讲[1]：淡化封建阶级界限，塑造了一个同生共死的共同体。所以在一贯尚武的莎剧中，英雄之幸福契合了历史中的意识形态，按照这种重"传统"的理论，后人若觉得这段台词"美"也必是因为不自觉地受民族主义或军事传统影响，而该传统正是莎翁参与塑造的。另一些更重视"个人才能"的人会指出这段台词中并无新教或民族主义**语言**，说明它超越时空令 21 世纪的中国读者振奋的力量不**源于**这些意识形态。前者认为莎翁受时代的激发，却将一时一地的英格兰民族主义"升华"为一般意义上的民族主义；后者认为意识形态是非本真的，它依附于本真的存在（民族主义的光辉借自武德，而武德焕发于世间的"有死者"之决心），

---

[1] 很多历史学家认为该演讲的真实情形和内容都与传说有异。

诗人将本真的存在从非本真的意识形态遮蔽中还原了出来。这两种价值理由截然不同,其间的差异却被"美"或"幸福"这样的大词遮蔽了。

由此我们消解了自然与历史的对立:"自然"并非总与"历史"或"文化"对立,它只对立于意识形态。属于历史文化的事物并不都是意识形态的。"自然"一词在现代,指其语境基于生活世界的一般形式并因此无须解释的事物,而非在某种历史境遇中貌似无须解释,但实际上经不起细究的。另外,尚无某种意识形态的人必须基于可被自然理解的生活形式才能建立或理解意识形态,已建成对意识形态符号的条件反射的人无须如此;条件反射训练而成的审美倾向也会在它所依附的生活形式消失之后延续下去,与真正普遍可理解的价值体验相混淆。

七、德性价值的必然性

反对"美"之概念是为了展示更具体的价值理由,并在诸价值之间作出区分。例如某些价值直觉是偶然的,另一些是必然的,后者常与德性相关,我们借普罗丁的话发问:"正义的生活,纯粹的道德,高贵的勇气,以及无畏、冷静和自若中的尊严与谦和,神一般的智性之光照耀着它们。我们热爱这些品质并为之喜悦,但为何称它们是美的呢?"[1]

普罗丁的问题没有答案。在他的形而上学体系中,"美"扮演着关键的一环,充当着一个更大的问题的答案或证据,而非一个问题或疑虑。在现代,永恒的美之范畴"降为"心理学的,无论优美的快感还是崇高地对峙于恐惧的力量感都是心理的,但心理价值并不全都是相对的。

假如改变物种演化史上的一些历史偶然,某些感觉会不复存在。人和鱼的舒适感不同,但鱼必定也有鱼的舒适。"舒适"这个抽象词汇就像"幸福"一样,不描述具体状态。人的舒适是被空气包围,鱼的舒适是被水包围,二者同属"舒适"说明这个词的普遍性其实是空洞性。然而另一些词汇的意义既具体又普遍:只要不是万能的生命,在遭遇艰险时也必有"勇敢"和"怯懦"之维度;只要是有语言的生命,就会有"真诚"与"虚伪"之区别。因此我们仍可在诸价值中区分出确定性的等级:在人类眼中人体是美的,而在猫进化成智慧生物的星球上,猫眼中猫体是美的,这是演化造就的偶然(且不说这种偶然正在崩溃,当今越来越多的人类发现

---

[1] Plotinus, *Enneads*, p.247.

了猫之美）。但无论在何种智慧生命眼中，勇敢必然胜过懦弱，真诚必然胜过虚伪。

文化相对主义者们不承认这种普遍性。他们会指出：并非每个文化都赞美真诚，例如某个部落的语言中就有某符号的意义"类似于"真诚，却是贬义词。我对此的回答是：倘若有人声称，某部落语言中有某个表示"真诚"的符号是个贬义词，必是他误译了部落语言——例如这个符号或许应该翻译成"鲁莽"。

然而既然该部落语言中只有"鲁莽"没有"真诚"，就可能存在**某些**在我们看来是真诚的、好的社会行为，在他们看来是鲁莽的、坏的。这不足为怪，因为社会行为的褒贬受社会关系及其意识形态的影响。问题的关键在于：该部落不可能用"鲁莽"谴责被我们称为"真诚"的**一切**行为。因为真诚是一个足够单纯的内在德性，鲁莽却非"坏真诚"这么简单，它是被社会关系判定为"坏"的真诚。同一"说真话"的行为在不同的社会意识形态中有时被视为真诚，有时被视为鲁莽。但社会关系的相对性无法否认自言自语时对自己"说真话"是真诚的，自欺是可鄙的。

同理，"勇敢"和 brave 的社会想象不同，但**意义**并非就等同于社会想象。社会想象决定词义褒贬的例子如 ambition 在英语里有褒义，"野心"在汉语里是贬义，甚至很难说"野心"是 ambition 的准确翻译。但"勇敢"无论在何种语言里都必是褒义，因为单纯的内在德性无涉社会关系。荒岛上的鲁滨逊无所谓野心，却仍有所谓勇敢。作为内在德性的 brave 能被准确翻译为"勇敢"，尽管这个词在日常语用中还有"棒极了"的意思；犹如作为物理概念的 force 能被准确翻译为"力"，尽管它在日常语用中还有"强迫"的意思。若从语言哲学的角度看，德性论哲学其实将德性从寻常语言变成抽象概念。

然而脱离一切表象的抽象概念也就失去了教化能力，而艺术的奇迹在于今人竟能通过想象古代豪侠的勇武，获得直面真相、摒除自欺的勇气。"勇气"是抽象的，勇武（valor）只是它的诸表象之一；勇武可能被另一番修辞颠倒为鲁莽，"勇敢"本身却无法被颠倒，因为鲁莽意味着缺乏勇敢的反思。德性论若有"美学"则必是黑格尔式的：美是德性的感性显现。尽管"美"这个词在德性论哲学中仍属多余。"勇气"和"勇武"的关系不是并列的而是包含的，不是"正红"和"橘红"的区别，而是"颜色"和"红色"的关系。然而在生活的每方面都勇敢的"完人"并不存在，人们对"勇敢"的具体想象亦不同，况且历史的变迁会不断拓宽并丰富"勇敢"的诸表象，部落战士仅将勇敢理解为勇敢地战斗，知识分子添加了勇敢地反思这层意义，另一些人也会因生活形式不同而添加其他意义。例如"勇敢的爱"，爱情的美德、青年的美德与战争的美德是同一种美德，关乎勇气、信任和希望。

既然"勇敢"中已经有了勇敢地反思，也就是智性真诚的意思，该德性就与"真诚"之德性相通了。"真诚"中亦至少包含了智性真诚、知行合一两个方面。如果仅强调知行合一而忽视智性真诚，就可能会因为行动上做不到或不愿做，干脆在智识上也编造修辞自欺，以维持虚假的自洽。

人必须借助"勇敢是褒义"等语法命题来理解和翻译诸文化，文化却无力否定这些语法命题。当人类学家观察到自己理解为"勇敢"的词被土著人用作贬义，合理的结论不是该土著文化中"勇敢"是坏的，而是要么土著语中根本没有这个抽象词汇，要么自己翻译错了，要么此处有某个特殊语境（例如反讽）。如果不承认人类固有某些价值倾向，那么历史文本中的一切赞美都可能被理解为讽刺。历史主义如果彻底否认自然理解，它就什么都理解不了。

勇敢、真诚、纯粹等足够单纯的内在德性的价值超越了文化相对性，因此它们之间不可能相互矛盾，而是相辅相成的：内心不勇敢的人无法真诚，心地不纯粹的人也很难勇敢。然而尽管内在德性相通，历史文化赋予它们的想象仍各不相同。于是有的人更偏好勇敢，有的人更看重真诚，有的人更珍视纯粹，这些"取舍"仍属偏见。哲学应当兼顾这些德性，却不能中立于勇敢和懦弱、真诚和虚伪、纯粹和卑琐；只有如此，才做到了有原则而无立场。

八、现代艺术的诸意义

严格意义上的"现代"是一套哲学原则,而非某段史学分期。上文谈到曾作为形而上学之一环的"美"在现代世界遭遇的危机,涉及古今之变,这不是说今人和古人的价值直觉(审美)有异,古今艺术的差异是意义的差异。

现代艺术不再致力于传达形而上学理念,告别了"永恒的美",转向生活世界的诸多侧影、诸多瞬间、诸多偶然。小说于19世纪达到鼎盛,这些"市民阶级的史诗"已与史诗不同。在古代史诗中,"星空就是可走和要走的诸条道路之地图,那些道路亦为星光所照亮"。[1] 然而现代人的"命运"不再受自上而下的规定。普遍关联的巨大世界中的现代人所理解的英雄,如茨威格所言,是人类的群星闪耀的时刻。既然只是"时刻",价值直觉就贮存于印象。[2] 不再有自然美,因为生态学意义上的"自然"只是虚设;不再有艺术美,因为艺术与生活之间的割裂更是虚伪。生活世界中令人惊叹的诸印象旋生旋灭,印象派的绘画和意识流文学便是关于这种

---

[1] 卢卡奇:《小说理论》,燕宏远、李怀涛译,北京:商务印书馆,2012年,第1页。
[2] 印象派诞生之初遭受过抨击,认为此种画作只是"未完成"的"草图",这一观点并非全无道理,因为瞬间乍现的原初印象确实是未完成的意识活动。印象主义的根本悖论是"印象"只存在于瞬间,无法被捕捉为一持恒对象。印象主义绘画并不真的能"阻断"印象在时间中的流逝,而是尽可能以持恒的画面模拟营造瞬间的效果。

意义的现代艺术。[1]

然而没有语义内容的艺术就不可能在此意义上"现代",例如音乐。如果按照狄尔泰关于现代生活世界的历史解释学或波德莱尔的"现代生活的艺术家"的标准来寻找某种"现代音乐",这种音乐也不是德彪西或勋伯格的,而必须有歌词(文学)。例如《皇后大道东》的歌词描绘的大城市、发达的一般等价物经济、贵族的消失并遗落为意识形态偶像等内容就是"现代的"。现代生活的艺术家并不排斥历史性。

现代艺术不必然排斥承袭自古代的、我们赖以为生的隐喻。例如"感性命之不永,惧凋落之无期"中的"凋落"即是关于草木的隐喻,它广泛出现于诸多古代文献;只要现代世界仍有四季荣枯,这一隐喻也就能被自然理解。斯芬克斯之谜的真正谜面是"什么是人",谜底是"人是由生至死的时间性的存在";希腊人以"有死者"定义"人",现代哲学仍将向死而生视作此在的生存形式。但另一些隐喻即便被现

---

[1] 贡布里希认为印象派画家旨在画"所见",与文艺复兴以来的传统目标一致,二者的争执仅关乎手段。然而"所见"也分多种:印象派力图接近的并非空间中定睛凝视所见之对象(这必然有前见),而是时间中瞬间产生旋即消逝的"原初印象"(无前见的"面向事情本身")。贡布里希认为所见中或多或少都掺有所知,一切理解总有前理解,例如"会把抖动的纸错看成一只鸟"。然而印象无关对象,无关纸或鸟,印象只是"这里的这一团抖动的白亮"。需要另加说明的是世间没有"感觉材料"(sense data)这种东西,因为感觉材料没有"这里的这一个"和"抖动",而只有"白亮",是一种将视觉等同于物理摄像机的谬误。关于"感觉材料"的争论另见 John Austin, *Sense and Sensibilia*, Oxford: Oxford University Press, 1962。

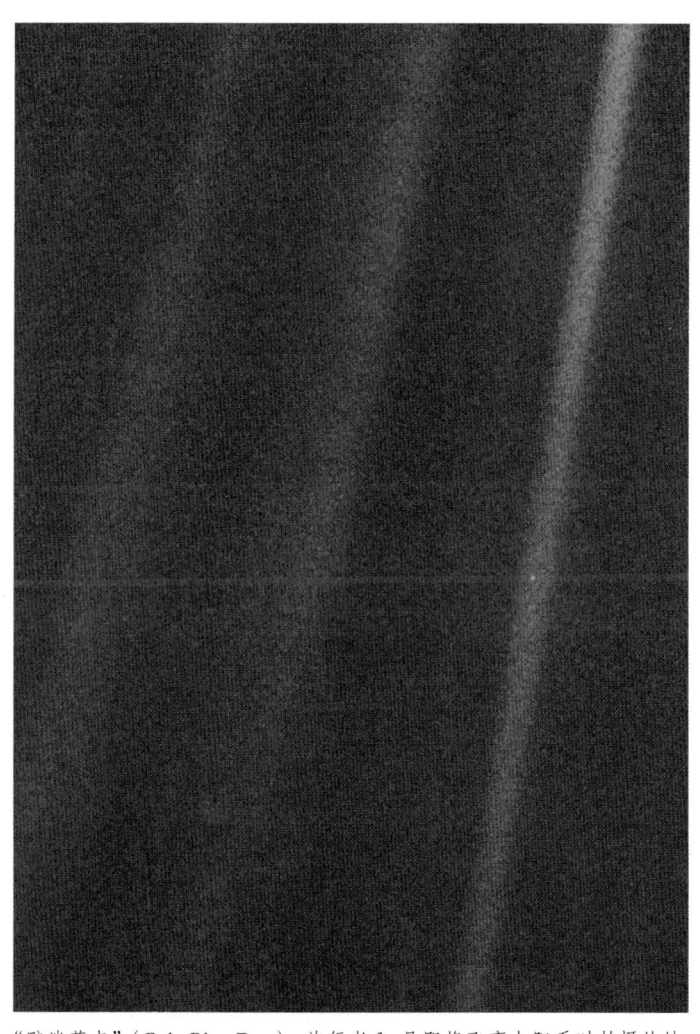

"黯淡蓝点"(Pale Blue Dot),旅行者 1 号即将飞离太阳系时拍摄的地球照片。在这张照片上,地球(右侧光柱中部的一个亮点)只占一个像素。

代艺术引用,也不是现代的,例如《神谱》与《圣经·旧约》中关于女性、诱惑与原罪的"潘多拉—夏娃母题"。

"现代"是一些意义,而非形式风格。不存在现代审美和古典审美,只有现代的意义和古典的意义。杜尚貌似石雕的《泉》在形式风格上很难说"现代",柯布西耶的现代城市在形式风格上参考了长安城和威尼斯圣马可广场的笔直线条。仅凭风格变迁不能划出"现代审美":每一时代都会由于与前人不同而"新",但这一点尚不构成"现代"。因此"现代审美"、"现代形式"、"现代风格"是类似"体重很胖"这样的看似有意义实则范畴错乱的表达,这样的语言是寻常的却不是正常的。

以上"现代艺术"指的是艺术品的内容意义关涉现代生活世界,这并不涵盖所有现代艺术。康定斯基抽去绘画内容的"色彩音乐"中不存在意义,他牺牲了语义令其超越历史。当作品完全无关生活世界,他就不再是波德莱尔所说的"现代生活的画家"。然而现代生活世界是一个人类共在的、普遍可理解的世界,康定斯基力图创作出超越文化域限的视觉艺术,此种超越性亦是现代性的一个特征,这一意图同样可称"现代的"。[1]

---

[1] 该现代性仅在与古典的对照中有意义。严格地说,哲学中不存在"现代"这个词。哲学上普遍的原则是无立场(无偏见)的原则,然而正因如此,它在历史中有了立场,即所谓现代启蒙立场。

由此可见，当我们分别说印象主义和抽象主义是"现代的"，其实是两个意思。印象主义绘画首先关涉生活世界：印象主义者就像现象学家那样执着于"面向事情本身"，相信生活世界的诸印象是直接被给予的，优先于达·芬奇开创的基于透视法的"精密科学"。因此印象主义只与生灭于时间中的瞬间体验打交道，不依赖将历史作为砥砺之石以获得力量。抽象主义则无关生活世界中的意义，仅与艺术史对话：它高度自觉地追求非历史性，以至于历史自觉成了它唯一的意义；一旦历史变得不可理解，抽象主义也将变得不可理解。类似的是倘若丰富的风格消失殆尽，所谓极简主义也将只剩下单调。

最后要说的是："现代艺术"与现代科学技术本身并无直接关联。人们常笼统地将摄影说成是现代艺术，将其与绘画对立；然而正如绘画可以是现代的，新技术也可能表达宗教意义。照片中的敦煌壁画仍是经变图，电磁波传送的教堂圣歌仍是赞美诗。其次，不存在纯以科学或技术为主题的艺术，科幻小说关心的不是科学本身，而是科学技术塑造的生活形式和这些生活形式打开的价值可能性。例如祛魅了生态学意义上的"自然"，神经科学技术拓宽了"身体"的界限，宇宙科学将生活世界的视域从大地的地平线（horizon）拓展至外太空。这类现代艺术的典型，是即将飞离太阳系的旅行者 1 号最后一次拍摄的地球照片"黯淡蓝点"（Pale Blue

Dot)，在这张照片上地球只占一个像素。[1]

"黯淡蓝点"的超越性已远胜一般的视觉艺术，但诸时代的解读仍会不同。卡尔·萨根只说出了地球时代的理解，千年后宇宙时代的人或许会感叹："这就是一切开始的地方"。尽管它确实能够超越时代唤起感叹，叹词背后的意义已经改变。因此它无涉意识形态，超越时代，却并非永恒不变；在诸历史语境的诸前见中，它各有意义与光辉，却仍不是无前见的。

九、世界的无言诗

音乐既不关涉现代，也不属于形而上学历史上的任何时

---

[1] 卡尔·萨根对此的评论："我们成功地拍摄了这张照片，当你看它，会看到一个小点。那就是这里，那就是家园，那就是我们。你所爱的每个人，认识的每个人，听说过的每个人，历史上的每个人，都在它上面活过了一生。我们物种历史上的所有欢乐和痛苦，千万种言之凿凿的宗教、意识形态和经济思想，所有狩猎者和采集者，所有英雄和懦夫，所有文明的创造者和毁灭者，所有的皇帝和农夫，所有热恋中的年轻人，所有的父母、满怀希望的孩子、发明者和探索者，所有道德导师，所有腐败的政客，所有'超级明星'，所有'最高领袖'，所有圣徒和罪人——都发生在这颗悬浮在太阳光中的尘埃上。"

代；音乐没有语义，这使它超越了历史语境。2016年全球唱片销量第一的莫扎特从未如古典哲学那样遭遇后人的颠覆性批判。当现代哲学家决定要与康德不同，他说康德错了；当后世音乐家决定要与莫扎特不同，他说莫扎特是伟大的，我只是与他不同。现代哲学与古典哲学之间有原则性的区分，而所谓的"现代音乐"、"古典音乐"之间却没有。

首先，我们无法从乐器与曲式中找到这些概念，因为关于乐器与曲式的语言，严格地说都可还原为对振动及其传播的描述。乐谱上标记的是物理时间轴上的振动，它本身不是音乐，音乐只存于现象学的"内时间意识"。音乐的技术语言（高低、强弱、长短）本质上是物理语言而非日常语言，这与任何有语义内容的艺术迥然相异。

其次，由于音乐没有日常语言，众乐曲之间的异同最终只是风格趣味上的，上一节论证过"现代风格"、"现代趣味"实乃误用语言。音乐有激昂的和安详的，却不存在古典或现代的。即便约翰·凯奇的《4'33''》也只能说是寂静的或"空"的音乐，不能说是现代的；音乐没有语言也就无法将"空"置入某种殊别的语境，纯粹的"空"是不论古今的。

"印象主义音乐"之名也属多余，因为一切音乐都关乎印象以及意识对它在时间中的滞留。将音乐命名为"印象主义"企图强调印象也无法令听者更自觉地"注意"印象；无论你多么"注意"印象，印象永远在消逝着；这是意识的被动构造，并非主动改变意向对象所能更改。在追求彻底无前见地"面向事情本身"的事业上，音乐比绘画更成功：内时间意识的被动性使它够面向音乐本身，我们主动的意向活动却无法面向外物"本身"。印象主义绘画欲直面印象而不得，音乐却在印象的不断消逝中做到了这一点。

以上讨论其实已涉及了音乐是否有意义的问题。关于此问题有两种相反的观点：其一认为音乐有意义，因此也必定有某种"语言"；其二认为音乐无语言，因此人欣赏音乐的能力是"动物性"的，和狗听到音乐摇尾巴没有区别。然而前者是对音乐的误解，后者是对"人"的误解。

认为音乐有语言者会论证音乐也可"如画"。拉赫玛尼诺夫的《死之岛》取材于阿诺德·勃克林的同名绘画的黑白版，但仅凭音乐既无法还原出画作，也无法还原出"死"之"岛"这个诗性意象。在此例中，音、画、文三者仅有情绪上的互通，而无意义上的关联。穆索尔斯基为其友人的画展而作的《图画展览会》原用于表现特定的绘画，却可用来表现另一些截然不同的画面：手冢治虫 1966 年的动画片《图画展览会》以该曲贯穿始终，原曲中表现雄壮的波兰牛车（Bydło）的乐段在动画片中配上了充满压抑感的机械工业。牛车是前现代的，机械工业是现代的，这是对意义的区分。但我们无法将与这两个主题同样相配的《图画展览会》的音符排列本身归为前现代或现代。音乐中只有情绪而没有意义，其意义都是解释者另加的。

人对音乐的感知在如下方面类似对表情的感知：人能确定某段音乐中有紧张而非舒缓的情绪，却无法确定这紧张情绪来自"崇高"还是"压抑"，正如人能确定某个表情意味着"疼痛"，却无法仅凭表情分辨是钝器还是锐器造成的疼痛。我们可以确定贝多芬第三交响曲的情绪"沉甸甸"，却不能确定它有"英雄"之意义；伟大的音乐不会陷于具体的意义，而是有诸多解释的可能性：富特文格勒如疾风骤雨，老克莱伯如深秋万叶，克伦佩勒雄浑大力如临深渊，切利比达克仿佛天上有金光，听众们的理解也各不相同。

上文对情感主义的批判已区分过情绪与意义：情绪即叹词，同样的叹词却可由不同的意义触发。尽管音乐本身仅有情绪而无意义，某些情绪却只可能出自一个有意义的世界。生活中的种种情绪赋予人认识音乐情绪的能力，然而人的生活却不同于动物的活着，人类的诸多生活形式皆基于生活世界中的语法命题，例如生命的必朽，以及个体在宏阔的历史与广袤的宇宙中的渺小。这些意义是听到音乐摇尾巴的狗或初生婴儿未曾觉悟到的，与这些情绪共鸣的能力也并非先天。这不是说某些情绪是有语言的人和无语言的动物共有，另一些情绪为人所独有，而是说在人的整个生活世界中，语法命题是时时刻刻作用着的最基本语境。用海德格尔的话说：人存在于世界，动物却贫乏于世界（weltarm）。看似最接近生物本能的情绪，例如人类的报复欲，与语言极贫乏的动物遭攻击后的反击也截然不同；报复中有尊严和公正之意义，因此复仇可以被联系到对"生存还是毁灭"的沉思。艺术情绪不同于寻常情绪，但"升华"也并不如弗洛伊德说的那样神秘。"升华"即是将具体事情置于寻常生活中不被主动记起，却时刻被动地内嵌于生活世界的"人死不能复生"等语境，例如奥赛罗杀妻前的独白：

> 熄灭了这一盏灯，然后熄灭你生命的火焰。
> 融融的灯光啊，当我将你熄灭，
> 若是心生悔恨，仍可把你重新点亮；
> 可是一旦将你的光辉熄灭，
> 自然中最精美的形象啊，
> 我不知何处方有天上神火，能重燃你的光彩。（V. ii. 8-13）

激情与嫉妒、爱与恨被连接到了"人死不能复生"的普遍语境。德沃夏克的《奥赛罗序曲》表现的正是死生之感慨，而非杀戮行为（音乐无法表现具体内容）。[1] 正如同样的音乐

---

[1] 抽离具体内容表达情绪的视觉艺术并非没有，例如马克·罗斯科："我只对表达人的基本情绪有兴趣：悲剧性、狂喜、毁灭……"（1956）相比之下，音乐能且仅能表达这些基本情绪。

能为不同的具体事物作背景，同样的语境也可作为不同的具体内容的背景：例如麦克白的独白"如果这一刀，就能完成一切，终结一切，在时间这大海的浅滩上"（I. vii. 5-6），和哈姆雷特的独白"要是他只用一柄小小的刀子，就能了结这一切"（III. i. 75-6），二者关联到的人物行为截然不同，诗性语境却相同，因此表现它们的音乐亦可相同。这些语境及其情绪是婴儿或动物所没有的。新生儿贫乏于世界，成年人能够体验音乐是因为他凭借语言体验过世界的诗性，已熟悉了相关的情绪。古希腊人用有死者的七情六欲想象诸神，错不在于他们忘了诸神的能力（飞机、电话、望远镜已赋予人类相仿的能力），而在于他们忘了神是无死的。无死者与有死者的整个世界截然不同，此差异被动地存在于时时刻刻，绝不仅仅在于主动地想到"死"的时候。

音乐本身没有语义意味着它无法容纳意识形态，只能表现非意识形态的意义产生的情绪。例如用来表现"祖国"的音乐，只能表现"oceanic feeling"之情绪，再另加标题"伏尔塔瓦河"赋予意义，但这部交响乐却远比现实中的那条河更壮丽。此前说到过意识形态的"美"要么依赖信奉者对特定信号的条件反射，要么仍需假借人类共同的生活形式并同时遮蔽它（因此必然打了折扣，无法发挥出艺术的全部力量）；由于前一种情况不存在于无语言的音乐，意识形态对音乐的利用只可能是后一种：纳粹曾利用贝多芬的交响曲鼓舞士气，然而唯有坦荡赤诚者方能在贝多芬的音乐中领受最高的鼓舞。音乐无法表现"民族集体"等虚假概念，即便它在为后者**伴奏**时也是如此。音乐中没有谎言。

十、此刻的光辉

音乐的超越性源于那些激发了音乐情绪的意义的超越性。也就是说，音乐与诗相通了。历史上的诸文化共同体的内在统一性，也会令古典艺术的诸门类彼此相通，例如谢灵运开创的山水诗与宗炳开创的山水画，这正如郭熙所言："诗是无形画，画是有形诗"。[1] 基于人类共同的生活形式的诗与音乐，也可以超越文明的界限。例如贝多芬第六交响曲的第四乐章，就像"来如雷霆收震怒"，而第五乐章，便是"罢如江海凝清光"。

然而很多人只想到将诗的意象类比为画，或将诗的韵

---

[1] 贺拉斯虽也有名言"诗如画"，却非西方诗学的主流，古希腊人认为传递缪斯之智慧的诗人高于画匠型诗人。

律类比为音乐,仅在"审美效果"上观察诗更"类似"绘画还是音乐。作为一种艺术门类的诗,从绘画和音乐中借得的仅限于此;反之,生命中的任何行为或现象若要超越装饰或游戏,严肃地关切根本问题,都必然有诗性。世间有许多不如画的诗篇杰作,却没有哪怕一幅毫无诗性意义的绘画;世间有许多不押韵的千古诗文,却不存在哪怕一首绝无诗性情绪的音乐。[1] 即便是拙劣的绘画或音乐,只要仍未完全沦为涂鸦和噪音,无论是否自觉,都仍然片面地奠基于世界的诗性并遮蔽着它。而世界的诗性又最充分地明见于怎样的诗呢?

无论是中国古人吟诵自然的如画之诗,还是希腊人所唱的诸神的尺度与英雄的命运,它们传达的智慧在现代生活的丰富可能性中都不再是世界的实在,而只是历史的体验;对此二者的区分,也即凝炼出真正超越的诗性的契机。如今流行的以语言和年代为诗歌作的分类其实无关诗性,而是利用诸文本发明"民族"等想象的共同体,假装同一语言的众诗的诗性皆有共同源头,或同一时代的诗皆出自同样的"时代精神"。本节将打破古今中西界限,以几句诗展示源自生活

---

[1] 上一节已说明:谁若认为自己能举出这样的画作或音乐,并非误解了该艺术门类,而是误解了"人"。

世界的共同形式的诗性。[1]

首先是将诗性建立在否定性的"不"之上的这句不如画的古诗：

> 人间自是有情痴，[2]
> 此恨不关风与月。

不关风与月的情痴即无缘无故的"自是"。"人间"必有诸种诸样的痴，至于历史将你抛向了何种，是另一回事。因而此句不是关于历史中的一人之爱恨，而是人类的命运，且历史的无常本身也是人类的普遍命运之一。

然而欧阳修此句只是单纯的否定：不关风与月。单纯的否定只表达了态度，此种态度是否是一种自欺？如何确证生活世界（人间）中种种令人"痴"的价值，不必是意识形态幻觉（风月）？除了求生存和求舒适之外，其他价值是否都是意识形态的呢？老问题又回来了：诗之愉悦和味觉愉悦区别何在，有语言的人的叹词"啊"和无语言的狗吠"汪"区别何在？海德格尔坚持诗在诸艺术中的基础地位，认为"一

---

[1] 人类生活的共同形式所焕发的诗性即"天才"的。由于"天才"之概念拒斥任何判定标准，只能通过否定性的标准"不依赖任何殊别的文化语境"来判定。天才看似是最独特的，实则是最普遍的（否则即是疯子）。
[2] 又作"人生自是有情痴"。

切艺术本质上皆是诗",诗不能被归为"文学",也绝非"文化"的"表现";因为文学与文化会屈从于历史中变动不居的物质或心理"需要",是历史的浮沫,诗却是"支撑着历史的根基"。[1]

我们接下来看这首超越历史却又关于历史的诗:

> 前不见古人,后不见来者。
> 念天地之悠悠,独怆然而涕下。

这一历史构造中,最关键的是以古人和来者的缺场呈现的"此刻"。诸事的"历史性"意味着承受已经不在的过去的规定,并参与对尚且不在的将来者的规定。天地"悠悠"是时间的仪式,时间的先验构造却比天地的空间构造更基本,[2] 因此《登幽州台歌》展示了在世之在的历史性的"根基",源始的时间出自"独"的构建,而非物理计时器刻画的数轴,或统治者的姓氏所标记的行列;时间性是历史性的基础,而

---

[1] 引文源自《艺术作品的本源》《……人诗意地栖居……》与《荷尔德林与诗的本质》,然而需说明的是本文是在早期海德格尔,也即此在于世界的构造,而非语言的创造性的意义上引用他的。关于生活世界的诸基本构造,语言不能言说它,只能展示它,并且为诗性语言的建筑澄清地基。
[2] 海德格尔所说的四重体"天、地、诸神圣者、有死者"中,"天"与"地"这两个隐喻普遍存在于古代社会,却不是先验的(例如它们不适用于宇航时代),"时间性"则是此在的先验构造。

非相反。[1]

"此时"的构造同样展现于里尔克的《秋日》：

> 谁此时没有房屋，就不必建筑。
> 谁此时孤独，就永远孤独。

陈子昂的"此刻"呈现为古人和来者之缺场，里尔克的"此时"（即全诗首句中"是时候了"）却"不必"操心于未来历史的诸可能性。此诗的时间无涉划时代的历史文化区分，未来是无尽的，唯一的划界是个体的死。犹如麦克白的台词：

> 她终有死的时候，
> 这死讯也终有传来之日。
> 明天，明天，又一个明天，
> 一天接着一天蹑步前行，
> 直到最后一个音节的时间。（V. v. 17-21）[2]

时间之河中有无穷多个明天，多过恒河沙。等待"明天"

---

[1] 参见海德格尔《存在与时间》第五章"时间性与历史性"。
[2] 查尔斯·兰博、哈兹利特、柯勒律治等浪漫主义者和 A. C. Bradley 等批评家都指出莎士比亚悲剧更适合阅读而非演出。这一结论颇具洞察力，但他们的理由却未能切中要点：并非因为有限的剧院场所比不上读者的无限"想象力"，而是因为莎士比亚（尤其其悲剧）的大量台词是抽象的。

大地上的尺规——关于诸"美"与诸"艺术"的哲学研究　　169

实是自欺，痛苦的人说"从明天起，做一个幸福的人"是因为明天永远不会来。"此刻"意味着直接的当下，它取消了明天，并直面时间尽头的终末；它唤起向死而生的畏——"永远孤独"，以及泰然任之的无畏——"不必建筑"。历史之人将历史之事的希望寄托于未来，然而诸事中无关可预期的历史变迁者，也即无法延宕之事：要么此刻，要么永不。这一刻就成为"严重的时刻"——里尔克此诗的四句皆以 Wer jetzt 开头：

> 谁此刻在世上某处哭
>
> 无缘无故在世上哭
>
> 在哭我
>
> 谁此刻在夜间某处笑
>
> 无缘无故在夜间笑
>
> 在笑我
>
> 谁此刻在世上某处走
>
> 无缘无故在世上走
>
> 走向我
>
> 谁此刻在世上某处死
>
> 无缘无故在世上死
>
> 望着我

诗中"谁"、"此刻"、"在世上"、"某处"、"无缘无故"都是抽象的。其中"在世上"(in der Welt)与另四者不同。删去它后"谁此刻在某处哭"语义未变,诗性却贫弱了。此前说到"人间自是有情痴"中"人间"即是"情痴"的根据所在,"人间自是"也正是"无缘无故",即无法解释也无须解释的。

诗中的"谁"和"某处"表达了最广大的不确定的可能性,只有当人不再将时代或共同体理解为命运,"在世上"这个最本真的规定才显现出来。他的哭、笑、走、死可以向着任何一个"我",其根据却"为一切人却又不为任何人"[1]。与最不确定的无缘无故的可能性相反,"此刻"在一切时间中具备最源始的确定性。诗中的"此刻"可以是物理上的任何一刻,诗人强调的是当下性。意识中的时间是此刻的回忆、此刻的此刻、此刻的预期;时间中的当下则是过去的此刻、此刻的此刻、未来的此刻。[2]"此"在时间和空间上都指向"这里的这一个",空间上的例子如《理查二世》中"This blessed plot, this earth, this realm, this England"中的四个"this"指向了此在之世界,作为家乡世界的祖国奠基于"此",而非相反。面对"这一"当下的被直接领会的确定性,我们

---

1 尼采《查拉图斯特拉如是说》卷首献辞。
2 奥古斯丁《忏悔录》第11部分。

却无法说出更多；然而正如陈子昂以古人与来者之缺场展示"此刻"，我们也可以借与此刻不同的另两种时间，即"昨日"和"明天"，来展示"此刻"的丰富规定。

昨日与明天不同于紧邻此刻之前或之后的一刻。昼夜隔断隐喻着不连续性，毕竟"明天又是新的一天了"。现代人谈论形而上学的彼世界是缺乏智性真诚的，但每一次历史的断裂都划分出"另一"彼世界；该历史可能性被隔断于当下，因此仍是意识形态——乡愁与未来乌托邦是典型的例子。乡愁（nostalgia）既指怀念旧地，也指怀念旧时；然而它既非对地点的怀念，也非对时间点的怀念，而是指向某个因时间隔断而划出的"昨日"彼世界。"明天"标记的亦非将来24小时，而是一个未来彼世界。乡愁是对被"昨日"划至彼世界的"家乡世界"的渴望，"明天"的未来乌托邦则内含有对"远方"的彼世界的渴望。

对"此刻"的凝思拒绝了以上两种意识形态，此在于世界的诗性不关乡愁与乌托邦。在这一严重的时刻，人决意将其整个生命历程把握为一个整体：一端是此刻之我，另一端是那"无缘无故在世上死"者，"望着我"，此刻之我亦回望之。

总结

由于缺乏一贯的原则,"美"在寻常语用中等同于叹词,且总能被更具体的价值理由取代。它既可表达意识形态塑造的心理满足,也能表达自然的心理倾向。"艺术"与生活的其他方面之间没有原则性界限,关于何物是艺术、何物不是的**价值**判断受历史前见影响,因此它本身是一种偏见。

"美"与"艺术"这两个概念是冗余的,它们的特权继承自彼岸和俗世的区分:美的自然被区别于趋利避害的本能,被宣布为"无关利害"的,令某些价值获得高于其他"世俗"幸福的权力,成为形而上学理念具体地支配俗世的通道。然而"审美价值"的特殊地位只是虚构,"审美"态度是直觉的而非反思的,不权衡考量诸价值,固守这一意义只会折损其真诚性与严肃性。真诚、勇敢等内在德性的必然价值也无须表达为"美"。现代意识形态抛弃了彼岸和此世的二分,却延续了"美"的语用,导致了"为艺术而艺术"的空洞。艺术中的"现代"是一些意义而非风格趣味,为了保持智性真诚,现代艺术在美沦为装饰之后远离了旧时代的趣味。

哲学的任务是展示世界上普遍的规则和原则性的界限,

本文最后一节以诗完成了这一展示。[1] 本真的诗性不属于语言所能言说之事物，更非修辞"效果"，它是寻常生活所遗忘的生活形式被重新记起时，于每一个此刻投下的光辉。我们选取以生活世界的基础构造为语境的价值直觉，并非因为这种趣味最"美"，而是因为它们时时刻刻被动地作用着，日用而不知（音乐的情绪也正是在这些诗性语境下所生的情绪）。即便遮蔽着它的意识形态，最初也须假借这些本真的生活形式训练对非本真观念的条件反射。

虚构的概念无所谓原则，也无法被展示。只有通过展示世界的实在，才能展示语言的虚构，以及历史的遗留。"美"与"艺术"这两个概念提供空洞的答案，纵容思维的懒惰，造成理论上的假象和实践上的特权。本文的意图之一便是治疗这种文化史疾病：希望千年之后"美"与"艺术"仅存于古代语言，彼时已换用更准确、更丰富的语言的人类也将无法理解这一意图。然而相比来者之事，作者更本真的心愿是能有更多世间的赤子焕发出生命本真的光彩，照亮我们此刻共在的这世界；也只为了这一理由，人类的哲学与科学、艺术与政治才不会有遗憾。

---

1 再次强调维特根斯坦对"可言说的"和"可展示的"之间的区分。在此意义上我们可以理解他的话："哲学确实应当只被当作诗来写。" Ludwig Wittgenstein, *Culture and Value*, trans. Peter Winch. Oxford: Blackwell, 1998. p.28.

上升的一切终将汇合

现代哲学中的历史、世界和语言

在概念理性降而为解释学的理性的地方，也就是在时代原则没落之处，世界理性的省思接过了第一这个位置，它作为末世的省思与技术理性相分离，但是关系到技术理性。[1] 至于现代之内的第一哲学[2] 那里，对于哲学为本质性的承认和赞同沉沦于体验。承认和赞同体验，这毫无意义，一种先行或者追加的体验同样毫无意义。历史葬身于体验。末世的理性[3] 才从这种状态里解脱出来，它从概念理性那里继承了思想的品级。就这样，末世理性打破了技术理性的优先地位，把后者理解为"人为制作的"[machenschaftliche]。技术理性没有被理解为一种理性形态的坚实性。[4] 于是思想一直也缺少泰然自若的态度。这种泰然随着三种理性形

---

[1] 体现世界理性的末世省思是指马克思、尼采和海德格尔构成的现代核心省思。它直指现代人的本性，并且以对现代生活世界的当下所做的区分代替古老的人与自身的区分（引文、注释皆为戴晖老师译注）。
[2] 指模拟概念理性的以解释学为基础的对现代生活世界的省思：狄尔泰、胡塞尔和维特根斯坦。
[3] 指现代核心省思。
[4] 现代技术理性虽然从根本上服务于现代生活世界，但却由弗雷格、石里克和库恩构成独立的思想形态。

态的划分才可能，但是完成这种区分却不在现代本身的思想中。海德格尔的泰然仍是虚构的，原因是它从本质上关系到经受住技术本质（的命运）的将来。

——贺伯特·博德《通往当下思想的路》[1]

肯尼斯·克拉克曾说"自然"在历史上曾有五十二种词义，而"现代"在当今的歧义恐怕只会更多。同时"理性"之概念看似承诺了内在统一性，仿佛所有"理性的"思想——无论是对意义的理解、对科学的研究还是对人性和时代的省思——都共享同一根据，遮蔽了它们之间的真正关系。本文受贺伯特·博德教授区分三种理性形态的启发，旨在展示现代思想不可或缺的诸维度之间的关系，它们构成了一个彼此限制且互补的整体，不仅决定了现代生活世界与现代科学的关系，更关涉至关重要的"现代人"的面目。

如果现代哲学是无前提的思想，它的开端就成为诡异之事。一个没有宗教、形而上学或殊别文化偏见的现代人，如何仅以最简单的自然语言开始某种哲学？她知道自己是有语言的动物，会使用"我"、"感觉"、"无限"、"类"、"是"、"否"这样的词汇，还通晓各门自然科学。然而这位现代人

---

[1] 引自《江海学刊》，2007年第6期，第18—21页。

仍是无哲学的人。哲学家们试图告诉她哲学的"用处"或"功能",告诉她未经省思的人生不值得过。但她仍觉得哲学纯属冗余：历史学已经足以让她跳出狭隘的一时一地,借此她得以反思并超越时代、民族或阶级等周遭世界给予她的偏见；人类终有一死、仅此一世的命运也已赋予了生命严肃性,令她渴望在有限的生命中尽可能全面发展和自我超越。她带着这些对生命的基本觉悟踏入成长和衰老的历程,便觉悟了巴赫、莫扎特、贝多芬的许多杰作——早在接触近代欧洲文化史之前她就觉悟了它们。她活在智慧中,不知哲学为何物；她活在现代哲学所规定的界限内,从未在意过"现代"这个词。

彻底现代的人性与哲学绝缘,可见推动现代哲学诞生的初始力量来自形而上学过去[1]：一方面继承了过去的概念碎片,另一方面不再承认诸形而上学的历史当下。然而仅仅拒斥形而上学绝不意味着现代哲学已经完成——赞同或拒斥皆只是"态度",仅有态度无法规定思想的方法与对象。在现代思想的开端尚无现代人,思想的不彻底性反过来令其态度也难以彻底[2]；只有待到现代哲学走向彻底和完结,现

---

[1] "过去"不同于"历史",古代、中世纪和近代的形而上学历史之间有划时代的界限,然而在现代哲学的视角下,它们都被笼统地标记为"过去"。
[2] 这种不彻底性集中体现于思想史上青黄不接的19世纪初,费尔巴哈、叔本华、克尔凯郭尔是其典型。

代人的面目才清晰起来。在此过程中,思想拓荒者们分别专注于自己发觉的界限,对其在现代哲学之整体中的位置尚无自觉;当内在于"现代"的诸区分尚未被揭示,诸理性或诸趣味的边界就沦为观念史的纷争之所。尘埃落定后,现代哲学的整体方才呈现。

一、生活世界中的意义与理解

与古代、中世纪和近代的诸形而上学的兴衰交替不同,现代哲学拒斥形而上学。在形而上学的最后时代,康德意识到其中的理性只与自身打交道,这在现代理论哲学中被批判为空洞的形式主义,在现代实践哲学中被斥责为虚假的意识形态。形而上学将理念的和形式的彼岸区分于"此世",解释学取消了这一区分,却继承了整体地理解世界的欲望,仍试图用一套概念厘清世界的基本结构。然而"世界"的意义却已改变:取消了彼岸之后,"世界"被限定为生活世界(Lebenswelt),人在其中的视域仅由历史(情境)与语言(语境）规定。[1]

古典哲学诸时代的诸智慧形态曾在其各自的历史当下被认作永恒和完满的真理，现代思想认为这种完满仅是因共同体和时代的局限而产生的幻觉。在现代哲学的开端，它面对历史赋予的整个世界，所有的却仅是现代的态度：哪怕混乱的历史相对性中没有真理，也绝不退回形而上学。然而史学上的"现代史"却不是哲学上"现代的"[2]：现代哲学尚待在与"古典"的对照中，从原则上而非现象上自觉到"现代"这个概念的核心意义；若要理解19世纪欧洲文化史，却必须理解古典哲学的天空破碎之后零落在大地上的意识形态话语。解释学否认思想的独立性，将其理解为生活世界的造物，无论思想者是否自觉。过去的哲学与宗教皆被视作"世界观"，人的世界观取决于物质条件、心理"需要"和诸世界观在历史洪流中的竞争，难免于声望与宣传的影响。[3]现代科学和交通、信息技术强化了生活世界的普遍关联，使广

---

[1] 技术条件、政治（可预期的暴力）现状、意识形态话语等因素都限定了诸个体的生活世界的视域。
[2] "现代"是一套哲学原则而非史学时期，历史分期（periodization）应当用"工业革命时代"、"法国大革命时代"、"长19世纪"、"短20世纪"等概念。将"现代"甚至"当代"视作历史分期的问题是，每一个"当代"都会随着时间推移不断沉入"现代"，直到这个词因囊括了太多矛盾的事物而丧失规定。
[3] 剑桥学派的近代早期思想史家指出：从影响与效应的史学眼光看，影响最显著的往往不是超越一时一势的理论，而是些在时势中发挥奇效的小册子宣传品。然而短期影响最直接、显著的并不一定是长期影响最大的。

阔的陌生人社会取代了有限的熟人社群。[1]解释学一方面不再对曾有的意义及其价值信以为真,另一方面试图将其作为偏见来理解;形而上学真理的历史当下已经永逝,对幻觉的"体验"成为理解的基础。这种不成熟的解释学的危险在于:既然不同的原理亦能产生相似的体验,意义及其语境的原则性区分也就被忽视了,历史连续性的假象被塑造出来。[2]

解释学的方法即解释学循环:以对个体生命体验的共情理解来把握历史语境,以把握历史语境来共情地理解个体的体验。然而语境总是诸语境,理解总依赖前理解。从诸语境中做选择总难免于偏见(prejudice / Vorurteil),仅凭体验无法区分前见与偏见,也容易陷入语境错位的误解或文化相对主义。解释学强调心理体验之于历史研究的重要性,是因为历史主义若怀疑一切关于人性自然的预设,它就无法理

---

1 生活世界的普遍关联是逐渐加强的,全球化无法一蹴而就。囿于过去的"社群"心理需要者将"社会"时代错乱地想象为共同体。熟人社群曾是历史现实,想象的共同体(imagined community)则是意识形态。现代化过程中次生的意识形态无论曾如何盛极一时,都没有资格从哲学上规定"现代"的基本原则。
2 历史连续性假象常见于现代初期(形而上学时代的假象不是历史连续性,而是非历史的永恒)。解释学的历史理解过于倚重"体验",语言转向(linguistic turn)之前的史学无力描述语言(或言语行为)在历史中的语义断裂和语境变革,难免于隐喻和类比构造的体验相似性导致的时代错乱:找不到"现代性"临界时刻的辉格史学将其"起源"或"萌芽"追溯到遥远的古代;斯宾格勒、汤因比、沃格林的"历史比赋"都是关于"体验"的类比;文化史中的所谓"古今之争"相争的只可能是古、今的体验。

解任何东西。[1]"自然"与"历史"成了相互定义的对子：仿佛自然的即非历史的，历史的即非自然的。然而现代生活世界普遍关联，却令万事万物皆有自然的痕迹，又有历史的手笔。这两种力量在体验上无法相互分离，基于体验的解释学仍面临流于空洞的危机；它继承了自然主义与历史主义的旧概念，指出了双方的片面性，却仍无法依靠这些概念成就"心理科学"或"历史科学"的方法，反而证明了心理学与历史学中的意义解释皆反对方法先行。狄尔泰关于"自然"与"历史"的概念区分未能建立意义的确定性，因此尚不是一项成就；[2]他选取这一组对子、企图区分二者的努力只反映了解释学的现代态度。在他之后，胡塞尔和维特根斯坦皆超越变动不居的历史，展示了人类赖以理解生活世界的确定基础。

---

[1] 多元文化主义强调相异语境下的"他者"体验难以被"自我"同情地理解，这种不可理解性并非绝对，否则就无法从诸多可能态度中做选择（例如任何赞美都可能被曲解为反讽）。语境主义难以处理突破语境的可能性：艾略特认为艺术总在传统中被批评，然而强有力的艺术体验він迫使批评家为它发明新语言。斯金纳认为意识形态话语总在其既有意义上被使用，这即是为何剑桥学派的语境主义擅长分析意识形态宣传册，却难以研究意识形态批判者；波考克多次讶异于边沁哲学的语境缺失，"边沁隐藏了他的师承"。

[2] 物理概念乃人类所造，亦有其历史性；只要仍有无法被它们描述的宇宙现象，其历史就尚未终结。解释学区分自然和历史的企图的失败，开启了科学主义与人文主义对解释世界的优先权的持久争执：前者认为物理知识具备最严格的确定性，主张心理、逻辑和语言也能被还原为物理运动；后者认为物理经验也由生活世界中来，物理自然亦是人化了的自然，指责自然科学的朴素态度拒绝反思自身基础。物理还原论的观点被胡塞尔反驳，而为诸科学做"先验奠基"的企图直到库恩揭示了物理概念的意义在历史语境中的不连续性方才消解。

复杂的诸文化语境为理解历史中普遍关联的生活世界构成了困难，然而意识却有其先验构造，胡塞尔承担了揭示它们的工作。意识总有"关于……"的意向性，该特征让意识活动中的等边三角形区别于等角三角形（关于边／关于角），鸭兔图不是同一张图（关于鸭／关于兔），解析几何坐标区别于图形中的点（关于数／关于形），基于回忆的主观时间不同于基于周期运动装置（计时器）的客观时间。内时间意识对印象的滞留是意识活动的被动构造，客观时间的测量与主动的回忆再现皆以此为基础。胡塞尔关注意识构筑其视域之内的生活世界的诸多固有结构。近代主体性哲学沉迷于"理性能力"等宏大概念给出的大钞票，混淆了存在个体差异的心理因素与纯粹意识的先验结构，他要区分二者，将后者条分缕析成描述具体事实的小零钱。

因此胡塞尔处理的正是概念理性在现代的核心问题：先验的形而上学无涉具体的生活世界；关涉生活世界的心理学达不到先验性；那么生活世界的先验形式何以可能。胡塞尔区分并标记了意识活动的一般事实特征。"逻辑"与"形式"不再对立于"事实"和"内容"，前者就是生活世界中的诸多事实中的特殊一类，此类事实时时刻刻皆被动地作用着，将诸多质料构造成为世界。意识活动本是人人与生俱来的 know how，胡塞尔却要将其一般特征清晰表述成 know that。现象学一方面反驳心理主义导致的相对主义，另一方面悬搁我们对外在世界的种种（约定的、心理的或意识形态的）前见，消除思维定势，恢复意识构造世界的诸多可能性，对直观印象保持开放，而现象学的方法本身则中立于它们。与解释学不同，现象学为生活世界打开的诸可能性受限于意识活动的被动构造，虽有涉个体的习惯与主体间的历史约定，却无涉意识形态语境，也无所谓文化相对主义。[1]

胡塞尔清晰地"展示"了意识的结构，他以现象学为自然科学奠基的筹划却难以实现。现象学关心的不是外在对象的指称确定性：飞转的车轮辐条是一根根的，在意识活动中却被直观为模糊一片；水中的筷子是直的，却被直观为弯折的。现象学不区分物理的客观世界与主体间可交流的幻觉（illusion）。关于此稍后再谈。

生活世界仅由历史情境与语言语境规定。狄尔泰、胡塞尔、维特根斯坦力图阐明人类对生活世界的理解何以可能：狄尔泰试图以体验的亲身性[2]做担保；胡塞尔发现了意识构造的先验性；维氏找到了"语言游戏"赖以运行的"生活

---

[1] 这正是超越文化阈限的艺术可能性之所在。最接近现象学的艺术是印象派绘画和意识流文学。古典文学中情节（mythos）重于人物，19世纪小说的情节服务于塑造人物，而意识流的时间脱离了历史，人物脱离了情节。"现代"的历史意义表现为"红"与"黑"交织的1830年纪事；意识流的生命却不再如奔流的江水，而像伍尔夫笔下的海浪。
[2] 对"体验的亲身性"的要求最明显地体现于人类学：马林诺夫斯基主张人类学家必须与他研究的对象共同生活且学习其语言。

形式"。语言游戏是消去了复杂的文化语境的、如孩童学说话般简单的语言，其赖以运行的生活形式也必须是人类共同的，[1]其最坚固的部分被维氏称为"语法命题"。狄尔泰的体验虽然关涉人类共在的历史社会，却流于文化相对主义；胡塞尔揭示的纯粹意识的构造虽然先验，仅凭先验意识与具身自我构造出的主体间性却未能涉及具体的社会语言；维氏则力图在人类的社会存在中，寻找赖以理解人类共在的世界的坚实语法。

维特根斯坦指出语言无法不依赖外在约定的游戏规则标记"内在"心理，瓦解了将精神"科学"建立在心理体验上的企图：如果弗洛伊德用俄狄浦斯来解释（标记）哈姆雷特，何不直接说"哈姆雷特情结"？解释学话语构造出体验的相似性，阐发了诸偏见的丰富可能性；维氏却将意义的基础确定在可被自然理解的、滤去了复杂的文化语境和"心灵的迷雾"的、以人类共同的生活形式为前见的语言游戏中。对简单之物的追求是对确定性的追求，事物是否简单不在于"事情本身"，而取决于它所关联的语境能否被自然理解：越能被自然理解的语境就越公共，甚至普遍。解释学中的"体验"并未被取消，却在人类共同的生活形式中沉默了：它无所谓

---

[1] 在思想史文本研究中，将维特根斯坦所谓"生活形式"解读为诸时诸地的"历史文化"也是可能的，但这种文本解读与语言游戏的单纯性相矛盾。

不可言说，而是已经不必言说。既然解释学理不清自然与历史的纠缠，维氏干脆对它做自然主义的极限变形。[1] 面对多元话语乱象丛生的时代，狄尔泰认为只要将诸意义纳入解释学循环的方法，他就理解了一切；维特根斯坦则通过从陷入解释学循环（丧失确定性基础）的意义中诊断出对语言的误用来治疗一切。狄尔泰旨在理解，维氏旨在批判；解释学总是在不同的语境中解释世界，然而重要的是把世界改造成无须解释的。

维特根斯坦的世界少了些生灭无常的假象，多了些澄明直显的实在：敉平了文化相对性之后，一切于自我意识的自欺中曾被误以为坚固的假象都烟消云散了，真正坚固的尺度，被展示（gezeigt）于不必说的沉默。维氏曾如是论及美学："美"不是审美判断词，"优美"和"崇高"等更具体的词汇才是。然而此类词汇企图描绘心理体验，属于被反私人语言论证批判的"内在"语言："内在"语言仍需固化为

---

[1] "自然"在历史上曾有很多意义，每一种文化都曾在对"自然"的想象中倾注过自己最深的秘密。然而"自然的"这一形容词的现代意义只剩下"无须再解释的"：从面孔表情中读出喜怒哀乐的能力是自然的；辨别齐格飞的葬礼进行曲和齐格飞的牧歌之间的差异的能力是自然的；直面必死命运时的畏是自然的；将一只杯子视作一整个物而非些许色块是自然的；有语言的动物渴望言行一致、逻辑一贯是自然的；物理定律是自然的。在现代，物理"自然"对人类生活的限制仅被理解为技术上"未克服的"。近代哲学将"自然"对立于"人为"，现代技术取消了生态学"自然"，未经污染的"自然"环境也是高科技无污染工业和政治经济学权衡得失的产品。

外在风格方能运行（perform）。语言游戏如同孩童学说话的语言一样单纯，就不能有复杂的历史文化语境造就的美学概念，"世界新生伊始，万物尚待命名，谈及时仍需用手指指点点"，维氏与胡塞尔在处理审美体验时异曲同工。审美判断是无概念的，人却倾向于将体验标记为概念、固化为趣味，而趣味总含有价值偏见。[1]

较严苛的维特根斯坦主义者认为意识形态概念阻碍直面现象，[2]较宽容解释学视角则认为，诸概念的相互勾连成就了文化史，关于"崇高"之美学作为文化史的风景本身就是崇高的、美的。然而一切话语都能营造心理体验，这种较宽容的观点无法避免相对主义，无法抵御意识形态的侵袭。

历史主义如果否认一切自然理解，它就无法理解任何东西。对语言游戏的自然理解如何可能？维特根斯坦认为人类

---

[1] 以内在的心理感觉"自由感"为例：不同趣味的"自由感"各不相同。习惯说进步派"自由"的圈子和习惯说保守派"自由"的圈子互不认同。说"进步派很自由"其实只是"进步派很进步地自由"；说"保守派很自由"其实也只是说"保守派很保守地自由"。因此双方说的仍是"进步派很进步"和"保守派很保守"，只要将繁杂的意识形态话语还原为小孩子学说话那样单纯的语言游戏，就会发现"自由"其实是缺场的，企图以"自由"描述私人"自由感"的努力是无效的，双方无法靠"自由"这个词理解或体验对方（这种理解依赖解释学对庞杂语境的解释）。小圈子内的黑话是装作公共的私人语言。

[2] 维特根斯坦认为真正的哲学是澄清语言的活动，许多语法命题亦有审美风格；真正的诗必须在人类共同的生活形式中汲取力量，超越狭隘的意识形态，亦不与真正的哲学相矛盾。"道"与"文"本是一体，越意识形态化就越需要宣传，"文以载道"就越不自然。这提出了对哲学和文学的最高要求。基于人类共同的生活形式的诗性语义（若不考虑韵律）具备可译性。

共同的生活形式及其语法命题的确定性保障了这一点。语法命题即是"每一根棍棒都有长度"、"我是一个人"、"我存在"、"这个世界不是假象"、"每个孩子都有父母"、"公斤不是长度单位"、"人终有一死"等命题的统称,[1] 它们构成了人类理解生活世界（无论是简单的语言游戏还是复杂的历史文化）的前提。世界上有多少种语言游戏就有多少种"确定性",诸语法命题也可相应地被区分为诸多层次：

一、"这个世界不是假象"无法被怀疑。谁若逻辑一贯地认为整个世界都是假象，"假象"这个词就已经占据了"现实"的意义，这是生活世界的最确定语法之一。

二、"公斤不是长度单位"等物理语法超越了人类中心主义的物种限制；"每个孩子都有父母"则不适用于生物工程学时代，可见某些语法命题亦受历史情境限制。

三、大千世界"色彩斑斓"是人类共同的生活形式，却对盲人无意义。但这并不能否认颜色词是被自然理解的。"赤"与"red"指涉的光谱范围或有差异，虽是历史约定而

---

[1] 维特根斯坦承认语法命题在作为"命题"被判断真伪时无意义。但"命题"只是诸语言游戏之一，澄清语言的活动也是一种语言游戏。

成，但并非一切历史的东西都是意识形态的。[1]

后现代主义者将维特根斯坦曲解为相对主义者，更严格的研究则需进一步区分出语法命题中赖以理解世界的确定基础，和人类在某些历史条件下的共识。并非一切语法命题皆永恒不变，一时的共识也会被技术革新打破。[2]语法命题中包含的物理语法具有更高的客观性。在作为语法命题的日常语言中，又有诸如"生长的过程即走向死亡的过程"等句子，涉及了生命的有限与超越，为世界理性（weltliche Vernunft）创造现代智慧提供了契机。[3]

---

[1] 对日常语言的自然理解基于人类共同的生活形式，消除意识形态并不意味着排斥一切差异。尽管解释学不能保证诸体验的差异能被"正确地"同情理解，差异却是可认识的，他人不是陌生的他者，而是自我的另一种逻辑可能性，在世界的逻辑结构中有其位置。例如 comfort 的词义在 17 世纪由"精神安慰"变成"身体舒适"，这两种词义都能被现代世界容纳，二者皆是人类共同的生活形式，两种 comfort 各有其幸福与不幸，幸福的大小可比较取舍并不意味着同质。

[2] 诸意识形态胡言乱语的"重叠共识"在维氏看来仍是胡言乱语，重叠共识虽能在一定程度上克服偏见，却无法克服时代的共同偏见（例如男权话语几乎弥漫于所有文明）。

[3] 在中世纪，"世界的"（weltlich / worldly）意味着世俗性，它拒斥超越性，难逃必朽的命运，艺术史上正面美丽却背后腐朽的世界夫人（Frau Welt）是其拟人形象；而在现代，世界夫人的意象曾出现在赫尔曼·黑塞的诗歌与小说中，转化为有死者的价值尺度。世界理性不是理论，其关注点是选择性的，专注于人作为有限的存在者获得全面发展的物质前提（马克思）、自我超越的契机（尼采）、非形而上学之思的可能性（海德格尔）。

二、现代科学的独立性和整体性

狄尔泰、胡塞尔和维特根斯坦试图展示人类赖以理解生活世界及其历史和语言的原则。近代形而上学认为理性是主体的"能力",理性能力曾被认为是"自由"的;胡塞尔专注于意识的先验结构,尽管意识活动可以是主动的,其结构却被动地作用着。他将科学活动视作"主体"在其意识构造出的生活世界中的诸活动之一种,热力学或统计力学的复杂公式必须关联到"水会沸腾"等日常现象中才能获得意义,并认为物理学只是诸知识(Wissenschaften)的一环而非基础,诸科学的真正基础是作为严格科学的现象学。胡塞尔要求理解主体如何凭借意识的先验结构从前科学的"生活构造"(Lebensgebilde)中构造出"科学",并认为始于 20 世纪初的现代物理革命加深了"欧洲科学"的危机。

相比于胡塞尔,维特根斯坦更倾向于认为物理语言在解释世界时优先于日常语言。但维氏做此选择是看中了物理语言的公共性而非其数学性,他所谓的科学命题中仍有不少诸如"沸腾"的日常词汇,并不完全是胡塞尔所说的数学化语言。在维氏看来科学研究也只是人类的诸种生活形式之一,且科学语言是语言公共性的典范,并不关注该生活形式是否(或在何种意义上)超越了人类物种有限性。维氏的语言哲学旨在让日常语言的语义归于简单确定,其用武之地是政治学、法学等处理普遍关联的生活世界中的陌生人关系的学科,[1]而非在尺度上超越了人类感官的精密科学。

在现代哲学的另一维度上,弗雷格、石里克、库恩的工作让以物理学为典范的"现代科学"在科学语言和科学史内部得到理解,令物理世界观的意义独立于人类直观到的生活世界。[2]

为了规定何为科学语言,弗雷格区分了指称与意义:"宇宙中最远的天体"有意义而无指称,因此不是科学命题所能指涉的对象,它只可能是诗。"晨星"与"暮星"意义不同但指称相同,二者在天文学上是同一颗星。维特根斯坦会认为天穹上的"晨星"与"暮星"是地球人共同的生活形式,其语义具有最高的公共性和确定性;弗雷格的科学语言却剔除了只有地平线视域(horizon)内的人才会用来形容这颗星的"晨"与"暮"。科学语言的优势不仅在于它具备超越人类中心主义的语义普遍性,生活世界的视域本身也取决于技

---

1 例如彼得·温奇的《社会科学的观念及其与哲学的关系》将维特根斯坦的"规则"与韦伯的"行为"相结合,阐明了一般社会科学的哲学方法。
2 "科学"这个诸学科的统称就像"知识"(Wissenschaft)一样笼统。福柯对生物学的话语—权力分析揭示了动植物分类学知识背后的权力筹划,却无法证明物理学及其数学工具也是如此,这亦展示了日常语言与物理语言间的界限:生物学语境下的物理化学变化最终须关乎"生命"、"组织"、"功能"等在生活中被先行领会的概念,它们外于物理学语境。尽管诸科学皆不与物理学相矛盾,以物理语言"统一全部知识"的哲学企图却无法成功,胡塞尔说明逻辑不是物理—心理的。

术历史：太空时代的人将难以理解"晨星"和"暮星"的意义。[1]

然而科学是人的活动，人仍有关于科学命题的命题态度。尽管"晨星即暮星"客观成立，"我相信晚上能看见晨星"的命题态度"相信"能否成立，却取决于我是否知道晨星即暮星的天文知识。没有科学世界观、仅活在周遭世界中的人无法相信晚上能看见晨星。于是弗雷格区分了命题与命题态度，使科学的客观性免受生活世界中的诸态度的影响。相反，维特根斯坦认为由于存在着提问、怀疑、陈述、玩笑、反讽等诸多可能态度，除非我们能够确定一句话的态度，否则就无从判断它是否是一个命题。科学研究只是诸生活形式之一，科学命题亦只是语言游戏之一类，科学态度只是生活世界中的诸态度之一。若要将一个句子理解为科学命题，科学语境必须先行存在。维氏对弗雷格的批判并不否认科学是一种特殊的生活形式，却说明"命题"与其他语言游戏间的区别只能被领会，"命题"无法以某种"形式上的"方法被区别于其他语言游戏。

此前说到胡塞尔指出等边三角形与等角三角形指称（对象）相同而意义（意向相关项）不同，强调意识活动的丰

---

[1] 胡塞尔认为"生活世界"包括诸如"大地是圆的"等常识，然而这种广义的生活世界与科学世界观之间的关系尚待澄清，尽管"人"的本质之一在于他能够超越周遭世界的地平线，但地球人仍栖居在天地四方之间，只有宇航员的生活世界中的地球才直接就是圆的。

上升的一切终将汇合——现代哲学中的历史、世界和语言

富意义。弗雷格则会强调二者皆指称"正三角形",在科学上全无区别。弗雷格指出了语言如何保障经验报告的客观性：达·芬奇的几何透视法可以,印象派的色块不行。

科学语言不仅是经验报告,更是通过概念及其间的数学关系对杂多的经验报告的统摄。弗雷格对科学的想象仍属于19世纪,彼时尚且没有现代物理语言,科学语言仍是"金星"这样的日常语言。然而正如老年的胡塞尔无法对同时代的范式革命所加剧的"危机"（现代物理学愈发断裂于其指称物之于生活世界的意义）无动于衷,青年时代经历了宇宙观巨变的石里克也意识到了物理革命对于哲学的重要性。

石里克说明：物理概念及其数学工具的意义须在其语境内理解。人在生活世界中直观到的是体验/印象,而非知识/科学,现代物理中的"时间"、"空间"、"共时性"也与肉眼对生活世界的近似直观（及其赋予牛顿时空观的前见）中的这些概念的意义不同。直觉受限于生物条件,时空直觉与现代物理的矛盾,是由于人类感官相对宇宙尺度而言太过渺小而产生的。[1]

---

[1] 约翰·奥斯丁应当承认：日常直觉的时空观是一种因人类感官渺小而共有的可交流的幻觉（illusion）,与肉眼所见插入水中的筷子是弯折的并无不同。想象一种遨游星海间的宇宙生物,相对论时空观不过是其日常经验；对于生活世界的视域更狭隘的生物而言则相反,朝生暮死的蜉蝣若不借助抽象的科学语言,就无法认识和理解什么是夜。

石里克揭示了物理世界观与生活世界之间的断裂和物理学语境独立性：人类从生活世界中获取的仅是经验报告，规定物理概念的用法的是诸概念之间的逻辑结构，逻辑结构的改变即物理意义的改变。[1]这一思想其实已经蕴含了科学的历史向度：科学与非科学世界观之间的界限源自现代物理学与一切"其他"（旧科学与前科学）语境之间的语义断裂。如果科学世界观是一些（取自日常语言或隐喻的）词汇在一次次语境革命中摆脱心理和直觉赋予它的某些默认前见，一次次地被科学语境更严格地界定的成果，那么科学其实已经被理解成了一个历史进程。

库恩指出了科学的历史性。科学的历史视域取决于两个相互影响的因素：当前技术水平下的观测装置——该情境决定了人类能够观测到怎样的自然现象；科学家使用的物理语言——该语境决定了他能够如何统摄诸现象。尽管伽利略和牛顿皆描述了自由落体的匀加速运动，二者却有质的区别：伽利略范式（语言）是运动学描述，而牛顿范式（语言）是"力"学的，"施力"与"受力"概念已是**因果解释**。若仅将科学进步狭隘地理解为对运动规律的数学建模的精确化，就会忽略这一转变。库恩是科学史中的语境论者，他反驳了将科学史想象为"连续进步"的辉格史观。

---

[1] 石里克的例子：薛定谔方程和海森堡矩阵的数学符号不同，但逻辑结构相同。

诸范式（语境）不连续，"革命"不在旧语境下解决问题，而是创造出新语境，令旧语境的问题自动消失；科学进步无须批判过去，它通过掌握对更广阔的物理自然的支配力超越了过去。

库恩的历史主义的一个推论是：假如科学家发明了另一些物理概念（或既有概念的另一些语义）、观测装置和数学工具，或采取了另一些世界观前设，[1] 就可能更好地描述另一些现象，而难以描述我们已能描述的某些。物理学史是人类为了将遭遇到的新现象纳入数学模型，对科学概念的语义及其普遍规则的摸索调试。这并不意味着相对主义：尽管对真实规律的迫近有多种可能的历史路径，但无论始于何种范式，经由何种革命，向着客观性上升的一切终将殊途同归。

尽管库恩并未参与石里克与胡塞尔之间的争论，历史主义的成功却取消了后者的先验主义问题。[2] 范式是赖以理解事物的语境，本身无法得到一劳永逸的哲学奠基，且诸范式之间不连续。伽利略、相对论这两种时空观无法统一，我

---

[1] 库恩对科学的诸前见作出了分层："万物皆由基本粒子构成"是笛卡尔之后的范式，而"物质世界有数学规律"则是一切科学的一般前设。在这一点上波普尔的证伪主义仍然正确：追求以简驭繁的普适数学模型是物理学的命运。
[2] 胡塞尔曾提及科学是在"无限的历史进步"中不断接近"究极的"自然规律的，并承认这很可能是哲学要研究的，却过于草率地宣布这与他的论题无关。

们只能历史地理解两者：人不可能跳过近代物理学，从前科学的生活世界中"直观"到现代物理概念的"意义"。几何学将具体的场所变成抽象的空间，解析几何将有限的技艺变成无限的技术；然而坐标尚能被还原到具体的场所中去获得"意义"，相对论却指出均匀的坐标系本身是人类的近似幻觉。[1] 学习现代物理的人必须先凭借意识对印象的"滞留"体验到的物理计时器的等时性和对周遭世界的几何直觉建立起近代物理时空观，然后再领悟现代物理学的语境革命（语义断裂）。只有悬搁了近代物理中的"时空与其它物理量无关"前见，才能理解现代物理学；但若同样严格地悬搁所有被默认的前见，物理学就会变成怀疑论（无法被人类感官直观的诸物理量之间的可能关联有无穷多种）。胡塞尔要悬搁科学中的历史前见，然而人类有限的感官无法直观到宇宙的精密秩序，注定了科学只能历史地开始。胡塞尔视伽利略为一切科学的原型，认为近代科学尚有希望于生活世界中获得意义，现代科学也须如此。但其实伽利略只是一个必须被扬弃的起点。科学看似年轻，却比艺术内嵌着更多的历史曲折；现代艺术的变化总离不开现象学的生活世界，现代科学的进步却早已疏远了它在生活世界中的起点。

---

[1] 追求客观性的不是数学而是物理学，数学只是物理学的语言。对社会科学而言，也只有选择性忽略了生活世界中的无限的质的差异之后才有量的运算。

物理时间的精密化是科学的前提，却是技术的产物，它依赖作为感官延伸的测量工具的历史发展。现代技术多基于科学，物理科学却基于时间精密化技术，其发展史与物理理论的发展相辅相成。钟摆的等时性在意识的"滞留"中被辨识为节奏感，节奏感是生活世界的一部分；人类却无法凭回忆、滞留、前摄的主观时间辨别钟表的精度误差，只能依靠对其他计时器（例如太阳）的周期等分技术校准它。然而只有先行承认某些物理规律的普遍性，才能校准出比太阳更精确的钟表，说明地日系统的周期并非绝对等时，并将物理理论更精密化，同时寻找更精密的计时器（例如铯原子）。[1]

以物理学为典范的精密科学从此告别了"真理"等宏大概念，只求物质世界的数学确定性，其价值被限定为技术实用，或追求简洁普适理论的"秩序感"。旧范式中某些概念意义之所以能被舍弃，正是因为它们只是"人造的"用来数学地描述物质运动的工具：数学上冗余的概念都无须深入到它本身的立场中去批判即可取消（现代科学无须站在以太学说的立场上证明以太不存在）。然而无论规定"时

---

[1] 所以"精度"难以被直观，生活世界与物理世界观的割裂，仍是由于人类有限的生物属性所致：想象一种节奏感极度敏锐的生物，仅凭主观记忆的"滞留"就可直观到原子钟的细微偏差，对它而言宇宙的精密节奏就犹如秒针的滴答作响一样日常。

间"、"空间"概念意义的数学规律如何革命，物理学都不可能取消这两个概念本身。任何物质运动都必然存在于"宇宙时空"——这一概念的基本意义即物理学和生活世界的共同语法，也仅在此意义上，物理世界观与现象学的生活世界仍保持着源始的关联。

三、现代人性的历史危机及其创造性的可能性

维特根斯坦认为哲学是消除语言谬误的活动，通过消解迷惑性的语境和辞令，确保意义能被自然理解。然而诸如"体验"、"生活世界"和"语法命题"等概念本身无涉具体的历史解释、意识活动和语言游戏。这些概念旨在勾勒哲学的体系轮廓，然而狄尔泰、胡塞尔、维特根斯坦哲学所展示的只是人类赖以理解生活世界的日用而不知的方法，体系轮廓已属多余。概念理性曾构成历史上的形而上学体系，在其最后时代，康德意识到纯粹理性只与其自身打交道；狄尔泰、胡塞尔和维特根斯坦则通过关注人以怎样（how）的基本形式理解并活动于生活世界，来关注生活世界的诸多一般特征是

(is)怎样。他们不再宣告体系性的真理，却指破"无意义"，并区分诸意义在何种层面具备确定性，其命运呈现为维氏对其赖以构建体系的语言的自我消解。流俗说法"维特根斯坦消解了哲学"并不正确，他消解的仅是现代生活的哲学家们模仿形而上学建构的"体系"。在一个范畴错误和语境错位皆被清理干净的理想世界，现代生活的哲学家们也将功成身退，尽管在此之前人类尚不能抛去这条梯子。[1]

"哲学的退场"在技术理性中更为彻底：自从石里克将科学世界观独立于直观到的前科学生活世界，指出"时间"、"空间"、"共时性"作为物理概念的客观意义与其直观日常语义之间的断裂，库恩的科学语境史研究已无须关心哲学，无论这些始于日常语言的科学概念的语义尚需历经多少历史的皱褶，才能抵达物理学的极限与尽头。

现代物理语言已无法在生活世界中获得"意义"，科学及其技术却仍关涉生活世界中的价值。技术理性并非真的对价值问题漠不关心，求真意志将希望寄于科学进步与人在客观宇宙面前的克己精神。概念理性的现代后继者试图理解生活世界，仿佛理解了一切就能够原谅或超越一切，然而纷乱

---

[1] 理论上说，维特根斯坦所标志的这一终局，在形而上学完结之后随时可能到来，然而历史的迁延却使它迟到了一个多世纪，在此百余年间科学与伪科学界限模糊，意识形态群魔乱舞，人间大地苦难深重。哲学学者本应是问题的厘清者，不幸的是彼时的欧洲思想界却对意识形态疯狂起着推波助澜的作用。

的文化语境与远超出人类感官的科学技术却挫败了理解的努力。意识形态塑造的心理需要折损了生命的真诚，扭曲了幸福的尺度，甚至消磨了改变这一状况的勇气。克服意识形态造成的人性危机并恰当地对待技术的思想之事被马克思、尼采和海德格尔承担，他们分别关注现代人在生产劳动、价值评价和语言建筑方面的创造性。现代科学对生活世界的直接影响体现为技术。被弗雷格、石里克和库恩称为"科学"的理论，在马克思、尼采和海德格尔看来皆出自人类对待世界的"技术态度"的筹划，而对数学描述确定性的追求其实是对技术、控制和力量的追求；前三者从语义上证明为"独立"于日常语言的，被后三者在与生活世界的价值关系上整体地理解为"人造的"。马克思与海德格尔洞见到科学不是作为诸理论命题，而是作为整体的技术（集置）关联于生活世界的。"人造"之概念在近代与"自然"同样缺乏确定的边界；而在现代，整个技术被界定为人造物（artifice）。

维特根斯坦哲学指出"自然的"价值评价无法也无须解释，凡需要讨论价值问题时必已有危机出现。技术历史已经改变，19～20世纪欧洲人的世界观也已经告别了宗教和形而上学，却仍受制于旧意识形态话语。简要地说，三位思想家所面对的时代危机是：

马克思认为迄今一切历史皆是史前史，皆处在某种意识形态蒙昧中，工业革命令资本主义第一次赤裸地暴露出了物质主义，物质生产改造自然的欲望获得了自觉。然而史前史的文化残余（意识形态）仍在，资产阶级无法如旧贵族那样对阶级区隔心安理得，他们以比旧贵族更虚伪、更焦虑、更僵化的姿态固守着意识形态。

尼采认为迄今一切价值的历史，皆处在某种道德幻象的蒙昧中，道德语言构成诸价值赖以表达的语境。"上帝死了"令道德面具摇摇欲坠，暴露出诸价值的非道德源泉。然而道德前史中遗留下的文化（意识形态）仍塑造着心理需要。现代人不再能对宗教信以为真，却为了心理和社会需要以更焦虑、更歇斯底里的心智固守偶像，造成了欧洲虚无主义危机。

海德格尔认为迄今一切历史皆是形而上学的真理史。形而上学之思关注存在者而遗忘存在，这种对象化思维不能用于"人"这个存在者："我存在"与"石头存在"的形式完全不同。形而上学之思衰落后，对象化的思维却遗留为技术理性。装作无涉价值的技术之思不再泰然，以比形而上学更粗暴的方式统治着思想和语言。

这三位思想家的思想不是理论（theoria），而是发端于对时代的反应，那又如何区别于借一时一势以图改变的意识形态话语？区别在于三者都选择发掘人性中某些不会随宗教、形而上学、地域或阶级区隔的衰落而堕落为意识形态的力量，并据此筹划出扭转人性的历史危机的可能性。他们取消了"哲学"的位置，要于生活世界中提炼出"智慧"（对"人"

的根本规定)并使其直接作用于生命。海德格尔认为,对"人是什么"的追问与规定是形而上学历史的本质。为了超越生活世界中无尽的意识形态争执,现代"人论"须基于人类共同的生活形式。这何以可能?概念理性在现代的命运,终结于维特根斯坦对其现代模仿者们的"体系性"语言的消解,然而维氏却未消解"哪里有生命,哪里就有价值评价"或"人皆有死"等生活世界的语法命题,它们既不依赖宗教或形而上学,也不是空洞的形式。

马克思对人的"类本质"的界定是:人以创造性的筹划通过劳动实现其潜能,满足自然的需要和社会关系的承认。这要求打破"资本主义"的生产方式,以追求"人"的自由而全面的发展,它必须历史地体现为消除现存状况的现实运动。

尼采如是回答"人是什么"这一古老问题:人行走于从动物到超人之间的绳索,需要某种超人的目标才能像"人"一样地活着。超人不是某种静止的理想,现代人必须战胜旧的意识形态鬼魂,重新赢回生命之无辜,通过重估价值实现自我超越。

海德格尔对"人是什么"的回答是:人是在世之在,是时间性的存在者,是有死者。此在不同于物之存在,且物之存在皆受此在的筹划。此在要回到这一本真性,就必须克服形而上学的思和技术语言,倾听诗性的发生,并且泰然地对待作为工具的物。

须注意的是，这三位思想家皆承认人的有限性，却都并未整全地定义"人是什么"，因为该问题的整全答案超出了理性的界限。形而上学历史中的每一种智慧形态都曾在其历史的当下与有限的共同体中宣告过"完满的"答案并唤起赞同和承认，概念理性将其提炼成形而上学的概念体系。例如近代西方哲学承认理性是"属人"的"能力"，意志是主体的"欲望能力"；理性的伟大彰显着人性之可能性的伟大，意志的自由意味着主体的自由。康德形而上学是对近代人文主义与公民教养（尤其是卢梭思想）的承接，只能被置于彼时的文化语境下理解，否则无意义。

普遍关联的生活世界令现代人性走出了有限的完满。卢梭关于"自然"的理想被历史地认作"资产阶级的"或"男性的"，而不再是"人性的"，现代人性陷于多元意识形态相争的无规定状态。因此力图发掘人性中的创造性的思想，必然要与诸意识形态语境下的"人道主义"或"太人性的"保持距离。

古典哲学中的概念理性承认智慧形态；[1]其现代后继者

---

[1] 博德先生对概念理性、自然理性、世界理性的区分取决于它们各自与"智慧形态"（在古典哲学诸时代分别为缪斯的、基督的、公民的）的关系。古典哲学中概念理性以形而上学体系承接智慧，自然理性批判智慧，世界理性（weltliche Vernunft）以发明智慧为思想之事。现代哲学不承认智慧形态，却继承了这三种理性形态的现代变形。

（狄尔泰—胡塞尔—维特根斯坦）无所承认，最终概念理性的形式消融于生活世界的内容：意识的诸结构或世界的诸语法。古典哲学中的自然理性在现代转变为技术理性（弗雷格—石里克—库恩），物理世界在客观性上优先于生活世界，物理语言和部分语法命题共同构成了"自然"最具确定性的内容。概念理性与自然理性在古典哲学史上的冲突，是由于前者承接智慧形态而后者批判它；在拒绝彼岸世界的现代，二者的现代后继者之间的冲突，则是因为物理还原论与现象学还原的方法皆未意识到物理世界与生活世界间的意义断裂，沉迷于用一者解释另一者的优先权争执。世界理性以创造智慧为思想之事，其现代后继者（马克思—尼采—海德格尔）必须在概念理性的最后一位现代后继者设立的界限"人类共同的生活形式"之内创造智慧——现代智慧不再是"划时代的"，也不再属于任何共同体，它为一切人却又不为任何人而作。现代人不再对古典的智慧形态信以为真，因此现代智慧所能凭借的唯有人的创造性，它必须坦呈自身的这一源泉来保持自身的正大光明。

马克思、尼采和海德格尔仅从力量、意志和知这三个侧面勾勒了现代人基于创造力的可能性。侧身像的不完整性意味着他们的思想只说出了部分真理，难免于偏见；但只要承认这一片面性，仍可避开以偏概全的意识形态幻觉。他们的思想向着末世的可能性而去，视迄今历史为史前史，视自己的时代为末世的开端：古典的人曾活在历史中，其幻象是超验的永恒；现代人活在历史终结的路上，其幻象是历史的无穷延续。他们要求消去这一幻象，然而人类既无法一劳永逸地抛去"过去的重负"，也无法思虑无尽的将来的无穷差异与可能。世界不可能在一场"划时代的"革命中被一蹴而就地全盘现代化。狄尔泰已经说明，所谓的现代史远不是哲学上"现代的"；对未来的想象受趣味影响，然而哲学无关趣味。马克思、尼采和海德格尔的趣味差异只是私事。尽管他们各自仍不区分思想与趣味，将趣味视作生命为之斗争的首要尺度与斗争工具；对"单数意义上的现代"而言，他们的私人趣味却不比一个工人、一个贵族、一个农民的趣味更重要。[1] 无论他们对人的自由而全面的发展、自我超越、诗性之思的想象差别多么大，三者不仅不构成矛盾，其中任何一种可能性的实现都要求另两种（以及其他诸多无法被语言穷尽的优秀品质）的实现为支撑。上升的一切终将汇合，意识形态纷

---

[1] 人们常将海德格尔理解为技术的批判者。这种思想史解释并不错，但无关哲学，只抓住了其私人趣味。无论海氏曾如何狐疑地审视现代技术集置（Ge-stell），无论马克思曾怎样凛然对峙于它并保持了预言家式的乐观，皆是私人趣味之事。科学的发展、技术的变迁自有庞杂历史，千秋功罪，需深入到具体细碎的历史的方方面面（不限于社会经济史和心智史）去研究，而非哲人奋其私智所能论。

争皆是庸人自扰。[1]

即便拒绝了历史上曾有的诸智慧形态对人性的规定和遗留下来的意识形态诸语境，人性仍有无穷多个侧面，也有同样多种对"人是什么"的可能规定。正如维特根斯坦从未试图穷举生活世界中的语法命题，马克思、尼采和海德格尔也不可能穷尽对"人"的生存论规定，[2] 任何单一的对人性的规定（例如"有死者"）都不足以产生智慧；[3] 它们是语言为创造出某个价值世界而作的建筑，且这一语言的建筑不为其他语言所动，仅承认当前物质条件的历史限制。上文说到，人在生活世界中的视域仅取决于历史情境和语言语境；生活世

---

[1] 马克思、尼采、海德格尔的思想不能被混淆为近代的"人性可完善性"理想。道德是形而上学理念，意识形态的面纱减轻了道德实践之严苛。现代哲学拒绝以文化偏见设立固化的价值级序，因此"现代道德哲学"中"义务"的概念并无意义。功利主义的"幸福"虽仍有意义，但它对止于"至善"的要求仍是一种简化了的形而上学尺度，仅能衡量诸善的程度，在普遍关联的生活世界中每时每刻为"最大多数人最大幸福"行动的要求超出了人性。现代道德是法律技术的原则，然而法律只是塑造行为预期、增益整体幸福的赏罚装置，无关人的安身立命。只有向死而生或自我超越这样的觉悟才可能（作为智慧，而不再是哲学）作用于生命中的任何一个当下。

[2] 现代哲学不概括人之"整体"。例如人的多数行为受"利己心"驱使，这一统计结果构成了政治人的预设，但"政治人"仍非人性的全部。

[3] 对"有死者"命运的觉悟或"重估价值"的主张只确立了生命的严肃性，不确立任何具体价值。这并不意味着需要请回意识形态，因为并非一切价值都是意识形态的。例如"真诚"和"逻辑自洽"：康德的贡献不在于宣布人有"义务"在一切情境下都说真话，这是教条的；而在于他意识到渴望真诚、说真话和逻辑自洽是人（有语言的动物）的固有价值倾向，哪怕在出于时势权宜暂时说谎时亦如此。再例如"承认"和"高下"是欲望的逻辑词汇，无须以意识形态或趣味的面具出现，也不会被现代政治装置消解。

界中的诸价值，亦取决于人在历史中的客观位置和他所持的语言。因此价值评价赋予的世界、在世之在建筑的语言、物质生产的客观历史，此三者已经澄清了人类创造智慧的目的、方法和限制。因此这三位思想家的重要性不仅在于他们各自在生活世界中发现的智慧（的碎片），更在于他们共同完成了关于智慧的哲学。最后，现代智慧必须取自人类共同的生活形式，因为现代思想的当下不再是被划时代智慧形态规定的历史当下，而在向着末世的将来。唯有具备语法命题的确定性的语言，方能无惧于时间；只有语言的无私，保障了思想的无畏。

然而，三位思想家对过去的理解并未超越19世纪解释学。在跨越诸语境构造的历史连续性假象中，他们分别将近代资产阶级教养、基督教道德、形而上学的古代起源视作"迄今一切历史"之象征，将历史的其他部分皆解释为其"前奏"或"遗留"，并与之发生否定性的关联。海德格尔建议将"物"从对象化的技术之思中还原出来并"泰然任之"地对待物，但只要他仍将技术偶像的僭越认作形而上学之思的"延续"（体验上有片面的相似），而形而上学又是"西方哲学"这一预设了古今连续性的观念史的"命运"，既将此在于生活世界中的思与科学—技术之思视作对立，又将二者同视为内在于"西方"这一历史地理共同体，二者的矛盾就会令思想的泰然无法实现。[1]尼采思想面临相似的矛盾：只要预设意识形态的谱系关系，将现代科学解释为苦行僧理想的"延续"（体验上有片面的相似）和自我超越的障碍，狮子的搏斗就无法结束，无法转化为赤子。维特根斯坦也未能达到泰然：层出不穷的语言错乱令狄尔泰意义上的历史无法终结，澄清语言消解"哲学困惑"是一场以"寂静主义"捍卫自然主义的西西弗斯式的永恒斗争。这一工作要求对语言的区分：将后现代主义笼统论之的"话语"细分为物理的、日常的、诗性的，[2]令它们各安其位，以免相互干扰造成错乱。

技术理性证明了科学真理不依附于生活世界中的意义，精密科学的客观性优于生活世界的直观，且生活世界的视域取决于时代的技术条件。现代人性对创造性的自觉将技术整体地揭示为"人造的"，因而对人性状况的省思又在价值之事上优先于技术，并力图筹划现代人性的可能性（现代智慧）。概念理性曾以形而上学体系承接古典智慧，在否认古

---

[1] "现代"不是"西方"。现代生活世界是人类的，现代物理科学是客观的，现代智慧必须普遍有效。构成现代理性形构的九位哲学家中有八位是说德语的欧洲人，但这只是历史事件。是作为整体的"现代"选择了这九人，而非他们发明了现代。对"现代"的欧洲中心主义想象抑或东亚特殊主义虚构，都有悖于它无法舍弃的核心。
[2] 物理语言无法完全清晰地区分于日常语言，是因为物理学无法摆脱某些以日常语言表述的前见，例如"因果性"就是我们赖以理解宇宙规律的必要范畴。而诗性语言须区别于对日常语言的滥用（意识形态修辞），其力量同样必须直接源自维特根斯坦所说的人类共同的"生活形式"。

典智慧的现代,其后继者们限制着从"此世"中萃取"智慧"的现代企图:由于意识有其先验构造,重估价值并不意味着相对主义,现代智慧须基于人类共同的生活形式。至此,三种理性形态构成了相互限制的整体,每一种理性形态都被安置在另一种理性形态为其划出的限度之内。

四、哲学的终结与无尽的将来

现代哲学开端于它不再承认曾在古代、中世纪、近代分别有着划时代意义的智慧形态,并要求理解普遍关联的生活世界中的诸意义。狄尔泰、胡塞尔和维特根斯坦仍试图以形式化的哲学展示人类赖以理解历史解释、生活世界、日常语言的原理,最终这一理性形态在维氏的语言批判中完成了对其概念体系的自我消解,生活世界的诸形式与其具体内容融为一体。

无法被纳入前科学的生活世界的现代科学被胡塞尔视作"危机",弗雷格、石里克、库恩却证明科学经验报告的语言、现代物理概念及精密科学的世界观、科学语境的历史皆断裂于前科学的生活世界。最终该理性形态被收藏于科学概念的语境史，而科学的技术应用则影响着生活世界的历史条件。

只有在生存论问题上，科学才被理解为现代技术的整体筹划，和一种特殊的生活形式。在旧意识形态与新统治技术共同导致劳动的异化、价值尺度的虚无、对存在的遮蔽的历史危机中，马克思、尼采、海德格尔勾勒出现代人在生产的历史、自我超越者的世界与诗性语言的建筑中的创造新智慧的可能性。现代智慧须源自人类共同的生活形式，不再如历史上曾有的缪斯的、基督的、公民的智慧形态那样具有共同体意义，而可能在任何一个当下作用于任何人。

两百年来，人类的生活世界、科学技术与价值心智皆经历了千古未有的大变局；当今世界仍处于这一变化中。然而在最初的断裂中，思想家们已能作出原则上的区分。现代之初，诸思想可谓"百家众技，皆有所长，时有所用"，却难免"道术为天下裂"。感谢博德教授在现代思想完结之后对"单数意义上的现代"的整体提炼。[1] 三种现代理性形态最终分别消解或脱离了"哲学"，思想的形式消融／展示于具体内容，并以各自的方式迎向无尽的将来，且每一种理性的界限都由另一种理性划出。思想的探索途中曾有的种种矛盾被厘清了——崇拜自然天才的，或奉守历史传统的；欲将物理

1　Heribert Boeder, *Das Vernunft-Gefüge der Moderne*, Freiburg/München 1988.

学置于前科学的生活世界中获得理解的，或要以物理语言一统诸科学（及心理学）的；认为日常语言是堕落的诗的，或认为诗性语言尽是滥用日常语言的；主张机器生产必将解放人类的，或认为技术集置将带来人性深渊的；要求全世界在一场划时代的革命中得到转变的，或将"现代"的原则视作"西方"这一地缘共同体的延续的。它们是众多的欲望、意志与趣味在时势的激流中相互冲撞划过的波痕，那时的人类尚且年轻，还分不清晨星与暮星、朝霞与黄昏、壮举与愚行，与之同样含混不清的"观念史"叙述仍左右着当今知识分子们对"现代性"这个丧失界限的大词的粗糙言谈。本文则要澄清现代生活世界、现代科学和现代人性的规定性与可能性——不是九位思想家的私人观点，而是整体地受规定的原则。

古代世界相互割裂，东方与西方产生了迥异的智慧；古代历史变化缓慢，却在古代、中世纪和近代分别产生了丰富多样的形而上学；现代世界勾连一体、日新月异，它的哲学却在短短百年间走到了彻底与极尽。在接下来的漫长岁月中，依附于现代工业与政治装置的亚（后）现代思潮到来了，关于现象之间的无限差异的争执取代了哲学对世界的整体把握，与对诸理性的原则性区分。然而只要人类意愿理解生活世界中的意义，意愿探索宇宙并改造物质世界，并渴望在有限生命中实现超越的可能性，现代哲学的这一整体就仍发挥着决定性的作用。

图书在版编目（CIP）数据

大地上的尺规：历史、科学与艺术的现代哲学剖析 / 巫怀宇著.
-- 上海：上海文艺出版社，2021（2023.3 重印）
ISBN 978-7-5321-7956-5

Ⅰ.①大… Ⅱ.①巫… Ⅲ.①哲学理论 Ⅳ.① B0

中国版本图书馆 CIP 数据核字 (2021) 第 118623 号

发 行 人：毕　胜
责任编辑：肖海鸥
特约编辑：王家胜
书籍设计：花生芸
内文制作：花生芸

书　名：大地上的尺规：历史、科学与艺术的现代哲学剖析
作　者：巫怀宇
出　版：上海世纪出版集团　上海文艺出版社
地　址：上海市闵行区号景路 159 弄 A 座 2 楼　201101
发　行：上海文艺出版社发行中心
　　　　上海市闵行区号景路 159 弄 A 座 2 楼 206 室　201101　www.ewen.co
印　刷：山东临沂新华印刷物流集团有限责任公司
开　本：1092×850mm　1/32
印　张：7.125
字　数：120 千字
印　次：2021 年 10 月第 1 版　2023 年 3 月第 3 次印刷
ISBN：978-7-5321-7956-5 / B.070
定　价：45.00 元

告读者：如发现印装质量问题，影响阅读，请与出版社发行部门联系调换。